丁如许 著

聚焦核心素养的
班会课高手修炼手册

"慧"上班会课

江西教育出版社
JIANGXI EDUCATION PUBLISHING HOUSE

·南昌·

赣版权登字-02-2024-398

图书在版编目（CIP）数据

"慧"上班会课 / 丁如许著. -- 南昌 ：江西教育
出版社，2024.10（2024.12 重印）. -- ISBN 978-7-
5705-3575-0

Ⅰ. G635.5

中国国家版本馆CIP数据核字第20244E5H38号

"慧"上班会课
"HUI" SHANG BANHUI KE

丁如许　著

江西教育出版社出版
（南昌市学府大道 299 号　邮编：330038）

出　品　人：熊　炽
责任编辑：苏晓丽
美术编辑：张　延

各地新华书店经销
江西赣版印务有限公司印刷
787 毫米 ×1092 毫米　　16 开本　　17.25 印张　　239 千字
2024 年 10 月第 1 版　　2024 年 12 月第 2 次印刷

ISBN 978-7-5705-3575-0
定价：58.00 元

赣教版图书如有印装质量问题，请向我社调换　电话：0791-86710427
总编室电话：0791-86705643　　编辑部电话：0791-86708350
投稿邮箱：JXJYCBS@163.com　　网址：http://www.jxeph.com

序

班会课大有作为

从 20 世纪 80 年代至今，丁如许老师"咬定青山不放松"，专心致志地研究班会课，成果丰硕，享誉全国。他矢志不渝的精神让我敬佩。可以说，他不仅是"上好班会课的高手"，而且是"全国研究中小学班会课第一人"。如今，丁如许老师的新作即将问世，他嘱我写序，盛情难却，我借此机会谈谈我的一些看法。

首先，请允许我谈一个认识。我认为班会课是一项综合性很强，最能体现班主任的素质、班主任的学识、班主任的教育理念以及班主任的专业化水平的活动。

要想上好班会课，应该做到以下几点：一是班主任要有较为完善的设计和指导方案，要有充分的准备，这个设计必须有创意、有新意、有吸引力、有"延伸力"；二是学生要全心投入，有主体能动性，有需要，有活动，有效果；三是紧扣班级工作计划；四是有明确的教育主题，要体现直接的教育性和潜移默化的教育性；五是要形成系列，环环相扣，前后衔接。

其次，请允许我做一个比较。1986 年，为了让主题教育不空泛、不杂乱，我编写了《中学班主任系列讲话稿》，16 万字，有 40 个主题教育点，即 40 讲。看到这本书有 10 个专题，链接了 30 篇文章，我立即产生了似曾相识的感觉，二者有许多相同或相近的课题。不过这本书是丁如许老师 40 多年班会课研究的心血之作，吸纳了全国各地中小学班主任的研究成果，在各方面都超过了我当年探索、思考的广度和深度，值得老师们学习和借鉴。

班会课的意义是多元的，班会课研究的内容也是极其丰富的。班主任开展任何教育，尤其是主题教育，都必须把培育良好的思想品德作为主要内容。班主任要引导青少年了解、传承中华民族的传统美德。

这里我想强调的第一点是班会课一定要具有系统性，不能"蜻蜓点水"。丁如许老师的一系列关于班会课的专著，都突出了"系列"这一特点。

我想强调的第二点是班会课一定要高度重视创新。创新是班会课的灵魂。有新意才会有生命力，才会发挥德育的实效。首先，表现在课的内容上要与时俱进，要随着班集体的发展，随着客观形势的变化和青少年在新时期新的需求，不断丰富和充实班会课的内容。班会课的内容不能总是"老和尚念经——老一套"，这样的内容，别说入心，就连入耳也是不可能的。同样是立志、爱国这样的教育内容，如果还用陈旧的材料，就很难在青少年的心中激起火花。其次，从班会课的形式看，若不是用青少年喜闻乐见的形式呈现，再好的内容也无法达到预期效果。班会课不能照猫画虎，不能老生常谈，不能故步自封，不能千篇一律。班会课要保持高度吸引力，要获得最佳效果，就必须创新，就必须贴近时代，回归生活，凸显体验，方式多样，并采用现代手段。

《班主任工作创新艺术 100 招》是我的成名作，这本书深受青年班主任喜爱的原因就在于创新。我想，青年班主任朋友们一定会高擎创新的大旗，在班会课的创新上承前启后，继往开来，谱写出新的乐章。你们一定会超越我，超越丁如许老师。

丁如许老师曾提出："班级活动如何设计与实施才能满足学生的要求？如何在班级活动的设计与组织实施中体现自主创新理念？班会课设计原则、基本方法、模式建构，以及在设计和实施中常见问题的分析与解决方法是什么？"这些问题应该成为我们长期研究的课题。

班会课的实践研究是一片广袤的天地，需要我们时时创新，潜心研究，精心探索。

班会课，大有可为；班会课研究，任重而道远！

张万祥

（德育特级教师，享受国务院政府特殊津贴专家）

2023年11月30日于津门

目　录

第三章　多方谋划巧构思

第四章　综合资源妙运用

第五章　认真写好课教案

第六章　全神贯注来实施

第七章　积极研究微班会

第八章　不断精进求创新

第九章　齐心协力创优课

第十章　拓宽平台促发展

后记

第一章

人生导师
必修课

这些年来，上好班会课成为许多学校、许多班主任的共同认识，也已转化为许多学校、许多班主任的积极行动。在实践中，大家认识到，班会课是班主任做好工作的重要抓手，班会课是班主任工作的有效载体。

班会课是国家规定的重要课程。在课程表上，每周一节。有人认为班会课还可以包括晨会、午会及班级活动中召开的班会（场地、时间灵活），不过本书论及的班会课基本上是指列入课程表的那节被命名为"班会"的课。

作为学校课程，这节课需要教育行政主管部门和学校加强管理、加强指导。

入学第一课，班委会组建，期中、期末考试动员与总结，文明习惯养成，学习方法指导，学习经验交流……班级的许多事都是班主任通过班会课来布置、开展、推进和总结的。可以说，优秀的班主任都是上班会课的高手。上好班会课已成为学校加强班主任队伍建设的必要工作，已成为教育行政主管部门加强教师队伍建设的重要举措，更已成为班主任作为"人生导师"的必修课。

一、班会课的内涵

对于班会课，教育部在《中小学班主任工作规定》中指出班主任应"组织、指导开展班会、团队会（日）、文体娱乐、社会实践、春（秋）游等形式多样的班级活动，注重调动学生的积极性和主动性，并做好安全防护工作"，对班主任提出了"组织、指导开展班会"的明确要求。在实践中，广大班主任不断丰富上好班会课的成功做法，他们的经验和智慧值得总结、学习和传承。

要上好班会课，我们首先要思考：班会是什么？班会课是什么？

班会，顾名思义，就是"班级会议"的简称。班会课，通常是指列入课程表的被称为"班会"的那节课。具体地说，班会课是由班主任指导，全班同学参与，着眼于解决学生成长中的问题、提高学生的综合素质，具有丰富的教育内容的课。

（一）班会课是由班主任指导的

这个看似简单的道理，在实际工作中却存在较多的问题。一些班主任不清楚班会课究竟要干什么，结果班会课成了学校工作的"传声课"，甚至成了自修课。

有一年，我应邀到张家界市某学校借班上班会课。在课前的热身交流中，我请同学们谈谈自己印象最深的班会课是什么。先发言的几个学生告诉我，他们印象最深的班会课是一节自修课。

刹那间，我愣住了。印象最深的班会课是自修课？但我迅速想到，在今天的校园，有些班主任确实还没有把班主任工作当作一项专业工作，他们在迅速完成学校的工作布置后，就会"大度"地对学生说："最近同学们学习很紧张，接下来的时间就自修吧。"于是，学生们一阵欢呼。自修课就这样成了学生印象最深的一节班会课。

不过在接下来的交流中，也有学生告诉我，他们印象最深的班会课是开学教育的第一课——抗震救灾课。学生们的回答令我感到宽慰，许多学校、许多班主任还是做了大量的工作的。

还记得有一次在浙江省某县小学班主任培训班讲课时，我问在座的班主任平时在班会课上是怎样开展主题教育的。一位年轻班主任告诉我，他接到学校的工作布置后，就把任务交给班长，在班会课快结束的时候，自己再点评一下。听了这样的回答后，我请他思考一下要不要对自己的说法做些补充说明，他不以为意地说就是这样的。我感到很惊诧。这位小学班主任对班会课采取"大而化之"的做法，把任务交给学生，自己到课结束前才点评一下。这节班会课的有效性是需要推敲的，因为设计者、主持者毕竟是小学生，他们需要班主任做必要的指导。

后来，我在网上看到一位老师的文章。他说他最近听了一位老师的班会课，感觉那节课正如丁老师所说的那样，没有很好地发挥班主任的指导作用。我一看非常高兴，这是一位认同我的观点的知音。再往下看，我更高兴。因为他还写道，班主任应该用自己的智慧和学生一起进行班会课设计，班主任应该用自己的热情带动学生投入到班会课中。我认为他说到了非常重要的两个关键词：智慧、热情。

在实际工作中，不少老师常以"让学生自主"为借口，没有很好地发挥班主任的指导作用；不少老师以"尊重学生"为托词，对学生争执、感到困惑的问题缺乏积极有效的引导。我认为，班会课要强调有效性。班主任与学生应事先共同精心策划，例如对问题的预设、对结构的思考等，以确保班会课的有效性。班主任作为学生的人生导师，应该比学生更有经验、更有智慧，特别是随着班主任工作专业化的不断发展，班主任在指导学生开展班会课活动时应拥有更重要的话语权，应更好地发挥自己的指导作用。

（二）全班同学参加

班会，是"班级的会议"，全班同学都必须参加。班主任应想方设法调动全班同学参与的积极性。当然，在特殊情况下，可以只有部分同学参加，如面向全体女生的青春期话题或面向全体男生的青春期话题。一般情况下，是全员参加，一个也不能少。这里的"一个也不能少"，指的是积极参加的"一个也不能少"。

（三）着眼于解决成长中的问题

为什么要召开班会？主要是为了解决学生成长中的问题。这也是班会课的价值目标。这里的问题可以是已经发生的问题，如上课注意力不集中、课间经常打闹、升旗仪式上说悄悄话等，也可以是根据学生年龄特点、年级特点、成长规律，"打预防针"式地解决成长过程中可能出现的问题。

（四）着眼于提高学生的综合素质

这句话进一步明确了班会课的价值目标。有老师认为班会课的价值目标就是德育目标，我认为这只说对了一半。班会课不仅要着眼于德育目标，更要着眼于学生综合素质的发展。综合素质有着重要且丰富的内容，比如思想政治素质、道德素质、文化素质、身体素质、心理素质、审美素质、技能素质等。提高综合素质的重要途径之一是包含班会课在内的丰富多彩的班级活动。班主任在带班育人的过程中，应鼓励、指导学生在班会课中学习、提高。班主任要多动脑筋，认真研究班会课的内容、形式。

（五）具有丰富的教育内容

班会课具有丰富的教育内容。班会课作为班主任带班育人的重要渠道，德育是其重要内容。班主任要通过班会课开展日常行为规范教育、思想政治教育、道德教育、心理教育和法治教育。在这方面，班主任既要善于宣讲，又要善于组织教育活动，让学生在活动中获得体验，提高认识，增强能力，得到发展。

班会课丰富的教育内容也是紧承班会课的育人目标而来的。班会课的目标是提高学生的综合素质，这就改变了过去有些教师认为班会课的内容局限于德育的这一错误认识。文化课学习的主题应该被列为班会课的内容，但教学内容的列入不是为了进行简单的文化补课，而是为了帮助学生学会学习，鼓励学生热爱学习。这样有利于帮助师生开动脑筋，增强班会课内容的丰富性和实效性。

我在地方讲课时，不少老师告诉我，原先他们也苦于不知怎么安排班会课。现在通过交流，他们认识到班会课有很多事要做，有许多事值得做。我想，思路的闸门一旦打开，思想的潮水便会奔涌而出。班会课是大有可为的。

二、班会课的类型

说起班会课的类型，由于分类的标准、要素不同，会有不同的分类结果。

（一）根据时间分类

1. **定期班会**：学校课程表上固定的课时。我见过的名称有"班会""班级活动"或"班主任课"，全国各地的提法略有不同，其中最常见的是"班会"。

2. **临时班会**：在学军、学农、外出考察实践时班主任临时起意召开的班会。

（二）根据内容分类

1. **班级例会**：根据课程表安排的班级例行会议，主要就学校工作进行布置，就班级中存在的问题进行讨论。一般由班主任、班干部（班长、值日班长）主讲，以点评为主，形式比较简单。

2. **主题班会**：根据学校的工作布置，或针对班级中存在的问题，确定活动主题。活动由师生共同策划，形式多样，如辩论、演讲、情景思辨、家务劳动比赛等，一般由学生担任主持人（小学低年级常为班主任主持）。

近年来，主题班会中还出现了主题教育课，即由班主任担任主持人，负责班会课的推进，担当主讲角色，发挥主导作用。这种课型也被称为主题谈话课。我个人赞成这样的提法：主题班会可以分为学生主持

（或师生共同主持）、以学生活动为主的主题活动式班会和班主任主持、班主任主讲，班主任主导作用鲜明的主题教育式班会。

但教育要返璞归真，有时分类不必过细，可以统称为主题班会。

这里需要补充说明的是，作为"班级会议"，我在撰写《打造魅力班会课》一书时曾提出将"班级会议"按会议形态、规模，分为班级例会和班级大会。班级例会前面已讲过；而所谓班级大会，就是班级大型会议，是一种有待加强的班会课形式。在这一方面，不少老师进行了有益的尝试，但推广还不够。在我看来，班级大会主要对班级的重大事务进行讨论。它应有比较明显的特点。如有明确的会标，黑板上会写着"某某班第几次班级大会"。又如有规定的议程，班长做班级工作计划介绍，全班同学进行讨论，最后形成班级的决议。一般每学期召开 1~2 次。这种会议形式对增强学生的民主意识、规则意识很有好处，但班主任常常因时间忙或认为是小题大做而不开展。我在 2011 年就指出，伴随着我国民主化、法治化的进程，伴随着人们认识水平的不断提高，会有更多的班主任召开这样的会议。但现实中这样的班级大会的实施和推广，还存在不少困难。写在这里，供有兴趣的班主任参考。

（三）根据时长分类

在课程表上，班会课的时长都是一节课，小学 35 分钟或 40 分钟，中学 40 分钟或 45 分钟。但实际操作时，班级例会一般不需要一节课，因此许多班主任感觉时间久则难以安排，便将剩余的时间改作自修或文化课。

要上足一节主题班会，许多班主任苦于内容难以充实，苦于完成满时长的课要花更多的准备时间。因此，许多班主任采取了简单化的敷衍做法。在实践中，我们发现主题班会可以"瘦身"，可以"短小精悍"，因此倡导微班会（10 分钟左右）、中班会（20 分钟左右）和大班会（满课时，根据学段、地域的不同为 35 分钟、40 分钟或 45 分钟）。在班会课研究共同体举办的全国中小学中职校班会课专题研讨现场会上，许多班主任做了类似课型的上课演示和课例分享，得到了与会代表的好评和认同。《班会课，就是要解决问题（小学卷）》《班会课，就是要解决问题（初中卷）》就编排了按时长划分的微班会、中班会、大班会的教案。

按节数分类，主题班会还可以分为单节主题班会和系列主题班会。系列主题班会又可根据需要，将大班会、中班会、微班会等不同时长的班会课进行组合。

实践中，人们还发现**将微班会与班级例会组合更具有可操作性**，会达到更好的教育效果。

三、班会课的作用

"生命在于运动，德育在于活动。""没有活动，就没有教育。"班会课是教育活动的重要形式。精心设计、用心实施的班会课寓教育于活动之中。一节成功的班会课，能让学生终身受益，能促进班集体建设，当然也有利于班主任自身的发展。

（一）有利于加强班集体建设

在实施素质教育时，班主任要围绕班集体建设，开展丰富多彩的活动，实现育人的目标，而班会课是实施、推进素质教育的重要环节。

1. 班会课有助于班级奋斗目标的实现

班级不等于班集体。建成班集体，我认为要有 5 个要素：（1）明确的班级奋斗目标；（2）多角色的班级分工；（3）合理的班级规章制度；（4）经常的班级活动；（5）良好的班级舆论。要建设班集体，经常开展班级活动是重要的举措，经常开展班会是必需的环节。我们要根据班集体建设的近期、中期和长期目标，开展相应的班级活动，召开相应的班会。在班级活动中，在班会课上，同学们能不断明确班级的奋斗目标并实现班级的近期目标。每开展一个活动、召开一次班会，就是向班级奋斗目标迈进一步。每成功地开展一个活动、召开一次班会，就能增强班集体的凝聚力。

2. 班会课有助于提高班干部的工作能力

"火车跑得快，全靠车头带。"创建优秀班集体，班干部的培养不可忽视。班级活动、班会课可以展现学生的才干，有利于挑选、培养、锻炼班干部。在班会课的准备、实施、总结过程中，班干部将得到较多的锻炼。一个强有力的班干部群体是建设优秀班集体的重要保证。班干部在组织活动和实施活动时，在准备班会课和实施班会课时，也能赢得同学们的尊重和信任。同时，全班同学在班级活动中、在班会课上担当不同的角色，交流不同认识时，既能展现才能、增强才能，也有助于理解班干部，进而支持班干部，这对加强班集体建设常常是有益的。

3. 班会课有助于班级的人际交流

当代社会要求学生具有较强的人际交流能力。许多专家认为：今天的成功 =15% 的知识 +85% 的人际关系。人际关系被置于相当重要的位置。班主任应分析当前学生人际交往的情况，指导学生由被动的人际交往转为主动的人际交往，由单纯的上下交往转为多方位交往，由消极的人际交往转为积极的人际交往。丰富多样的班级活动，特别是班会课上的交流活动，有助于学生增进交往、加强合作，学习和提高人际交往能力。同时，班级活动是以集体主义为价值取向的，人际关系的建立和调整，都与集体主义有着密切的联系。班会课活动的有意实施、积极促进，对学生有着积极的导向作用，由此形成的良好的人际关系又有助于形成有凝聚力的班集体。

（二）有利于学生的全面发展和个性培养

教育应着眼于面向全体学生，注重学生的全面发展，注重学生的个性教育。

1. 班会课能提高学生的认识水平

精心设计的班会课，将有助于学生进一步掌握课本中的知识，进一步认识课本以外的大千世界，不断提高自己的认识水平。如我曾在八年级下学期开展共青团员报告、关于共青团知识的论辩、入团志愿书介绍、自编小报评比等一系列班会课，使学生的心灵受到了震撼，思想得到了升华，认识产生了飞跃。

2. 班会课能提高学生的能力

素质教育包含着丰富的内容，而"高分低能"是教育应极力避免的一种弊病。积极开展主题班会活动，学生的能力会得到明显的提高。学生在主题班会活动中不仅要看、要听、要想，还要说、要做。参观、调查、文娱、体育、科技等活动，都需要身体力行。即使是准备一次班会课的发言，也要认真构思，搜集资料。这样，经过一次次主题班会的锻炼，学生将走向成熟。我的许多学生毕业若干年后再见我时，经常感叹当年的班会课带给他们的锻炼，感叹那些锻炼当年虽然没有评分，但实践证明是必需的，那些锻炼有助于他们在社会生活中连连"得分"。

3. 班会课能丰富学生的学校生活

学校生活应该是丰富多样、有声有色的，可现实情况是"学校生活＝上课＋作业＋考试"。我认为，每位班主任都应有正确的学校观。学校，不仅是学生学习的场所，还是学生生活的场所。学生在学校的生活，应该是充实的、丰富多样的、欢快紧张而有趣的。在应试教育的重压下，上课、补课、延时课、晚读课使相当多的学生感到心理疲劳和身体疲劳，因疲劳产生厌倦，又由厌倦发展为"放弃"。认真设计班会课，积极实践班会课，能激发学生的学习兴趣，点燃学生的学习激情，从而使学生"乐学"。一个班级，有书声，有笑声，有歌声，那是多么生动活泼的画面啊！这样的学校生活，将是学生终生难忘的，也是乐于回忆的。

4. 班会课能提高学生的心理素质

当前，加强学生心理健康工作已上升为国家战略，心理健康教育已提上每一位班主任的议事日程。人在学习能力上是有差异的。经常受教师表扬的常常是少数学习尖子，久而久之，普通学生易产生心理挫伤。把学习成绩作为唯一衡量标准是违背人的发展实际的，这种用同一把尺子来衡量所有学生的做法，也是违反素质教育宗旨的。班会课让学生有机会从不同角度表现自己，释放自己的潜能，这对改善学生的心理素质很有益（有些班会课还对心理疾病有直接的改善或矫正作用）。学生在班会课上获得积极的评价，又能"迁移"到学习上，激发学习潜能，从而促使学生发生较大的变化。

5. 班会课能培养学生的良好个性

蔡元培说："知教育者，与其守成法，毋宁尚自然；与其求划一，毋宁展个性。"这表明了教育应追求人的心灵和谐和尊重个性、发展个性的崇高目标。班会课能为学生的个性发展提供良好的机会。擅长美术的同学可在班会课的课前布置时大显身手，爱好文娱的同学可在联欢的班会课上纵情歌舞，喜欢辩论的同学可在班会课的演讲、在辩论活动中磨炼口才。班会课提供机会，提供舞台，鼓励学生各展其才，引导学生形成良好的个性。

（三）有利于班主任自身专业化的发展

班会课是班主任工作的重要抓手，是班主任加强班集体建设的有效载体。班主任认真上好班会课，可以解决班级中存在的问题，顺利推进班级工作，自己也能获得愉悦的心情。更重要的是，要上好班会课，班主任需要发现学生存在的问题，这就养成了勤于观察的习惯；班主任需要思考解决问题的有效举措，这就提升了班级管理水平；班主任需要不断学习、不断研究，这就提高了班主任自身专业化发展的水准。

"一课见功力，一课观全局，一课促发展"，上好班会课对班主任的发展、班级的发展、学生的成长均具有重要意义，所以会上班会课应成为班主任的基本功，应成为班主任作为"人生导师"的必修课。

链接1

难忘的班会课

丁如许

在17年的班主任生涯中，我坚持在班会课上开展丰富多样的班级活动。我当时的想法就是要让学生感受到我们班的学习生活多姿多彩，让学生喜爱班级，让学生在以班会课为重点的班级活动中成长。

在我的班主任工作中，我还经常指导学生记录精彩的班会课，记录难忘的以班会课为重点的班级活动。在他们的笔下，班会课的许多细节是那样清晰、那样生动；在他们的笔下，班会课的收获是那样丰富、那样令人感动。让我们翻开学生的记录，重温那些美好的岁月吧！

初中三年，学习、活动、竞赛，交织穿插，使我拥有一个美好而又难忘的初中生活。它将成为一段温馨的回忆，珍藏在我的心中，陪伴着我去迎接明天的朝阳！

——韩蓓

别看现在拼这些单词毫不费力，可当时只有学得好的同学才能应对自如，学得不好的同学却一呼三不应，多急人哪！别说，那次班会活动还真的激发了我学习英语的热情，给我留下了深刻的印象。何止是那一次活动呢？第一次烧菜时手忙脚乱的情景，第一次采访时局促不安的神态，第一次讲演时微微颤抖的话音，这一切构成了我难忘的初中生活！

——戴荔

不光是这一次活动（编者注：指"小记者奔向四面八方"主题班会活动），第一次动手做饭，第一次为小学生做报告，第一次剪报……许多的第一次从各方面锻炼了我，它们是我初中生活中的一盏盏明灯，照亮了我前进的路。

——陈华

随着校园里那棵茂盛的银杏树绿了又黄，黄了又绿，我已经在这银杏树下度过了三年的美好时光。望着悠悠飘落的银杏叶，三年来多少难忘的往事又浮现在眼前，就像发生在昨天。

难忘我第一次参与社会调查，采访食品公司领导时的难堪样；想起第一次坐在讲台上给小学生做报告时的得意心情；还有令人难忘的集体生日宴会、苏陈乡远足……

——贾庶

我们可以自豪地说，我们的班会活动在全市，乃至在全省是最出色的。班会活动给我们留下了美好的回忆。我们永远怀念我们的集体，永远感谢我们的母校，也永远热爱我们的祖国！

——仲竞莉

回首这三年，我们的班级已满载着光荣和荣誉。不知多少次，班级、团支部在校级及以上的评比中被评为优秀集体。在这样火热的大集体中，我们每一个人都为能成为她的一个活跃的细胞而感到无比的兴奋和自豪。

回首这三年，我们的班级在进步。如果说其中一半是同学们的勤奋，那另一半就是老师的汗水。三年来，班主任丁老师以班为家，对班级精心管理。他用自己的才智为班级设计了"初中班级系列活动"。这些活动大多在班会课时进行，既丰富了同学们的课余生活，又使大家得到了锻炼，接受了教育，取到了良好的效果。在学习方面，大家的进步就更离不开各任课老师孜孜不倦的教诲和无微不至的辅导。饮水思源，在我们的一生中，我们将永远记住我们的老师，尊敬我们的老师。

回首这三年，同学之间产生了深厚的友谊。我们朝夕相处，共同学习，共同活动，一起走完了这三年。我们很高兴，不少同学已取得了很好的成绩，获得了很大的进步。同学们的"羽毛"已日趋丰满，大家都迫切地希望有一天能展翅高飞。

三年里的一幕幕在我心中漾起了一股股依恋之情。分别在即，让我再回首，再回首……

——王文喆

岁月如歌。翻看记录如歌岁月的篇章，我感受到学生生活的快乐、学生成长的喜悦，回味着教师工作的幸福，也坚定了自己为教育奉献、为社会服务的理想追求。我把这些火热的文字分享给老师们，让大家受到感染。我知道许多老师也有非常深刻的工作感受，让我们一起更好地探索，奋力前行。

🔗 **链接2** ------------------------------------

来自一线班主任的心声

郑会 缪春蓉 刘颖 严蔡花 曾丽巧 魏俊起

班会课是班级管理的重要阵地，是班级教育的有效载体。作为一名班主任，在解决班级问题时需要做到既有理论修养，又有丰富的实践积累。所以，我认真学习，深入班级，研究班情，通过班会课来解决班级发生的问题。比如有一次上完足球体育课后，几个孩子一听上课铃响了，立刻抬脚一踢，"嗖"的一声，只看见球飞快地落在了球筐的附近，但没有"归位"，大家就乱糟糟地跑开了。平时类似的现象真不少：看完的书随手一扔，刚刚还在用的橡皮转眼就找不着了……于是，我设计了微班会《从哪里来，到哪里去》，通过简单的前后对比场景实验，让孩子们在10多分钟的时间内领悟到深刻的道理：要从小事做起，要养成良好的习惯。后来，孩子们的表现验证了丁老师对班会课的定义：班会课就是要解决问题的，微班会，微而有为。

——山东省威海市福泰小学 郑会

（我）2020年开始领导常州市德育名师工作室，三年来，工作室开设主题班会公开课30余节，通过研课、磨课、评课、议课，致力于打造精品课堂，加速骨干教师、青年教师成长。每一次课前，工作室成员一起集思广益，对新课进行"研磨"，像磨咖啡一样，磨得越久越浓郁，磨得越久越香甜。每一次课后，工作室成员一起畅所欲言，对班会课进行点评。30节主题班会、30次匠心设计、30次智慧碰撞，教师的视野在一次次观点碰撞中拓宽，科研水平在一次次精彩点评中提升，学生们在一次次班会教育中收获成长。

——江苏省常州市第二十四中学 缪春蓉

班上的问题层出不穷，解决问题的方法有时挠破脑袋也想不出来。高中生的时间本来就很宝贵，高效地解决班级问题势在必行。在我愁眉不展的时候，第一次听说了"微班会"这个概念，原来丁如许老师在2015年下半年就提出了这个主张。因为很多班主任觉得传统的班会课时间太长，准备起来很耗时，我的导师杨老师就特意给我推荐了丁老师主编的《魅力微班会》这本书。

我爱不释手地捧着这本书，如饥似渴地读起来。60篇来自全国各地优秀班主任的微班会课程分享，让我醍醐灌顶。微班会"短""快""小""灵"的特点，让我情有独钟。经过充分的准备，我也开始尝试上微班会了。

我的第一堂微班会是《英雄，从未远去》。当时正值清明节后学生返校。我想，作为高中生，清明时节除缅怀我们的先人以外，还应该缅怀英雄先烈。我询问同学们，他们心目中的英雄是谁。同学们说，为国捐躯的，做出可歌可泣、轰轰烈烈事迹的人是英雄，为祖国和人民做出贡献的、有无私奉献精神的人也是英雄。在交流中，我鼓励学生：一个有希望的民族不能没有英雄，一个有前途的国家不能没有先锋，要让英雄的鲜血在我们的身上流淌，让英雄的情怀在我们心中传承。

这节课最后收录在《创新微班会》一书里。当我看到自己的文字第一次印刷成书时，内心的激动难以言表。我悄悄地在办公室流下了幸福的泪水。成长是一个艰辛的过程，蜕变更是艰难的，但心向往之，就可以实现。

——重庆市中山外国语学校　刘颖

我们对班会课的实践体会有以下几点：

1. 每次班会课课前准备、过程中和结束后，班主任与学生之间的互动是愉快的。

2. 班主任发现了学生的潜力，给学生发挥的空间，让学生获得了自信。

3. 学生愿意上班会课，与以往的班会相比，学生的参与度高了。

4. 课前准备锻炼了学生搜集、整合材料，拍摄录像，PPT 制作，演讲表演，分工合作等能力。

5. 在班会课中分享彼此的成果，引发思考，促进学生内心的成长，提升了学习的积极性和主动性，从而使得新生班集体迅速形成团结协作、积极上进的良好氛围。

——辽宁省大连铁路卫生学校　严葵花

班级工作千头万绪，要干的事似乎很多。我很清楚，作为一名班主任，自己的思想教育主阵地就是班会课，因此我认真准备每一节班会课。当我每周日晚自习在电脑前伏案工作时，学生有时会悄悄地接上一杯水，有时会默默地送上一张小纸条："曾老师，你为我们备课太累了，要注意身体，休息一下哟！"有次班会课后，又收到学生的卡片："曾老师，谢谢你给了我们这次特别的班会。说实话，我们初中从来没有这样的活动，我挺感动的！"学生能理解我为他们做的一切，心悦诚服地接受我对他们的要求，令我十分开心，而我和孩子们在这样的快乐体验中也收获了亲如一家的温暖。还记得当年文理分科的时候，全班44人，只有一个男孩选择了文科，且他离开去文科班当天，这个16岁的大男孩在我的课堂上因不舍而泣不成声，同学们自发地为他鼓掌送行，感动永远定格在这一刻。我想，正是因为每一次"随时而动"的班会，正是因为每一个闪光的德育契机，才让这个班级有如此大的凝聚力与吸引力，才让同学们对这个班级有如此强烈的认同感与归属感，如此不舍和留恋吧。

苏霍姆林斯基说，对人来说，最大的快乐、最大的幸福是把自己的精神力量奉献给他人。而我，无时无刻不在体会和享受这种幸福。班会课，是能帮助我高效实现这种幸福的手段之一。风雨路上，我与学生和家长同成长，同幸福，同灿烂。

——四川省汉源县第一中学　曾丽巧

近几年班会研究蓬勃发展，但同时班会实施仍存在很多问题。学校或班主任理念错位，把班会课变成自习课、通知课、训话课；班会课老生常谈，主题随意，内容陈旧，形式单一，参与度低，收效甚微，班会课魅力未能尽显。

主题班会的设计与实施要具有计划性、针对性、有效性、主体性、艺术性，做到亲、小、近、新、活、趣、实。形式要多种多样，如师生对话、小组讨论、观看视频、情景思辨、活动体验等。从导入到具体环节到最后总结，"凤头猪肚豹尾"，布局谋篇要颇费思量，素材搜集要花尽功夫。

我所在的学校河南省济源第一中学非常重视班会课，每年举办班会研讨会，每周举行班会公开课，即便如此，仍有人对上班会课有畏难情绪。大家都缺少一套班主任拿来就能借用的班会教学参考书。同时我们也逐渐认识到，单独一节班会课，无论如何精彩，仍是处于"零敲碎打"的状态，对学生成长和班级发展所起的作用有限。

一个操作性强的班会课程体系、一套实用的班会教学参考书是众人所需。于是，我们在11年的实践研究基础上，群策群力，召开多次研讨会，集全国数十位班主任之力，设计了《高中系列班会课》系列班会案例。它有三大鲜明的特点：

1.**系列化**。每个学期分若干主题，每个主题下依主题内涵设计若干节相关内容的班会，涉及学生成长与班级建设的方方面面。

2.**阶梯化**。以高中为例，如教师节话题：高一侧重于理解、体谅、感恩初中老师；高二侧重于感谢现在的老师；高三侧重于帮助学生在老师的感染下，和老师一起奋斗。标题分别是《谢谢你老师》《我给老师颁个奖》《长大后我就成了你》。如感恩话题，母亲节、父亲节、感恩节，3年共设计了6节感恩亲人的班会，从对父母的感恩扩展到对老师、同学、朋友、学校、祖国的感恩，从被动的感恩到主动的感恩，从单纯的感恩上升到思考感恩的本质。每年国庆节前后，借势国庆，高一年级班会从个人、家庭、班级角度践行爱国情怀；高二年级班会的视角放在年轻人身上，横向看世界上的同龄人，纵向看历史上的时代弄潮儿，引导学生活出自己，培养学生的中国情怀、世界眼光；高三年级班会则根据学生学情，从大国总理出发谈中国人的韧性，对学生进行挫折教育。

3. **实用化**。每周一节的班会课，设计务求简洁、易借鉴，并提供课件和链接素材。这些班会课都是在上课的基础上打磨而成的，着力于班级和学生的现实问题及长远发展。

《高中系列班会课》共3本，含34个主题、114节课。34个主题，每个主题书中均有解读。主题内涵是什么，围绕主题是怎么设计系列班会话题的，每节班会都有清晰的环节、流畅的串词、核心的内容。高中三年全程班会，即使不一定每一节都精彩，但只要扎扎实实开展下来，114节课必将撑起学生的宽度、老师的深度、班级的高度、学校的厚度。

——河南省济源第一中学　魏俊起

🔗 **链接3** --

怎样开好班级例会

山东省临沂市青河实验学校　王立华

班级例会是班级例行的工作会议，是班会课常见的类型之一。对于班级例会，有些班主任不重视，认为比较简单。但是把简单的事一直做好是很不简单的。那么，怎样开好班级例会呢？

班级例会的内容一般可分为4个部分：1.传达、布置学校的工作。如介绍学校的重点工作，购买校服、图书馆值勤、组织观看电影等；2.讨论、布置班级的事务，像研究确立班级的奋斗目标、讨论班级的工作计划、班委的分工、卫生大扫除的安排、双休日考察活动的报名、总结班级工作等；3.表扬班级的先进，如评选三好学生和优秀学生干部、班级的好人好事等；4.解决班级存在的问题，如监督午休的纪律、作业的完成，批评错误言行和不良舆论倾向，听取犯有错误的同学的自我检讨，讨论对犯错误学生的处理意见等。

要想开好班级例会，要做好三个方面的准备工作。

第一，要分析班级例会的内容，确定例会的呈现形式。如果是一些比较简单的事务落实，由班主任口头讲解就可以了。如果是一些比较繁杂的事务，事务中有不少注意事项，就需要印刷必要的文字材料，班主任还要进行细致的讲解。比如少儿住院医疗保险、学农活动的安排等。

第二，要分析班级例会的内容，确定班级例会是由学生干部主持还是由班主任主持。如果是征集全班同学对某一项班级制度制定的意见，可以由学生来组织，保证学生们能够畅所欲言，同时班主任注意倾听，把各方面的意见和想法征集起来。如果仅仅是一些事务安排、纪律的强调等常规性内容，可以由班主任主持，也可以由学生干部主持。随着学生年级的升高，班主任应更多地让学生干部主持班级例会，以增强学生的能力，让学生在班级管理中实现自主管理。

第三，要做好例会召开前的准备工作。班主任要仔细分析事务的细节，辨析出哪些细节学生在落实时容易出问题，对这些细节要仔细讲解；哪些细节简单提一提就可以。班主任要把梳理出来的内容整理在工作笔记上，以免讲解时有遗漏。对一些拿不准的环节和注意事项，可询问学校的有关人员。如果时间允许，对于一些重要的工作，最好形成文案，并印发给每位同学，保证学生落实时不会出错，例如收费项目是什么、收多少钱、什么时间交齐、是否需要家长签字等内容，必须准确、明白。

召开班级例会时要把握好4点：

第一，要坚持正面教育。不能情绪激动地安排事务。班主任在开班级例会的时候，千万不能情绪过于激动，更不能大声地呵斥学生，否则会影响学生的心情，影响教育的效果。

第二，要就事论事，讲究效率和效用，以解决问题和达到目标为中心。

第三，班级例会安排的工作一定要检查落实情况。班级例会安排的事情多，有些学生可能会不重视，班主任在开了班级例会后一定要加强检查例会内容的落实情况。

第四，班级例会结束后，如果时间充足，可安排微班会（微型主题班会），充分用足用好班会课的时间，让班会课内容丰富充实、教育富有实效。

🔗 链接4 -

欢迎来到我们的新家

浙江省瑞安市新纪元小学　潘雪慧

【设计背景】

随着人们对儿童的早期教育越来越重视，幼小衔接教育作为儿童从幼儿园到小学的重要过渡阶段，也得到了人们的重视。从幼儿园步入小学，学生首先感受到的变化就是学习环境，一年级新生对学习环境的适应程度决定了学生新的学习生活的进展状况。因此，帮助一年级新生尽快适应小学新的学习环境、快速融入新的学习生活十分重要。

一年级新生对小学生活充满了好奇、紧张和不安。不少学生面对陌生的环境、陌生的老师、陌生的同学、陌生的学习，在心理上、行为上有很大的不适应。如果不能很快适应，学生会出现焦虑、压抑、紧张等不良情绪，不仅影响学生的文化学习，而且会影响良好习惯的养成，甚至还会导致个别学生厌恶学校生活，进而影响今后的健康成长。因此，作为班主任，要帮助入学新生尽快熟悉环境，尽快融入新集体，尽快让学生适应并喜欢上小学校园生活，为今后的学习生活打下良好的基础。

【教育目标】

1. 通过观察和交流，让学生了解小学生生活与幼儿园生活是不同的，尽快地熟悉新学校、新班级、新老师、新同学。

2. 通过活动，帮助学生尽快适应新环境、新角色，感受成为小学生的光荣与喜悦。

3. 在活动中加强与同学、老师之间的交流与互动，认识班级里的新同学和新老师，尽快融入新集体。

【课前准备】

1. 编辑视频《我们美丽的校园》。

2. 录制本班各学科教师自我介绍的微视频《我是你的好朋友》。

3. 准备每个孩子的照片、姓名挂牌。

【课的过程】

一、看视频，喜欢新学校

（预备铃响后，播放歌曲《上学歌》，师生可以边唱边加上自己喜欢的动作。）

师：开学了，小朋友们背着书包来上学啦！成为一名光荣的一年级小学生，开心吗？

（预设：学生回答"开心"。）

师：看到既可爱又聪明的你们，老师也非常开心！欢迎大家来到我们的新学校，下面老师就带着你们一起去看看我们的新学校吧！

（播放微视频《我们美丽的校园》。视频简介：主要介绍学校的教学楼、教师办公楼、操场、食堂、图书馆、体育馆等主要建筑。播放时，老师做必要的讲解。）

师：哪个小朋友能给大家介绍一下我们的新学校？你最喜欢校园里的什么？

（预设：学生介绍自己眼中的新学校及自己喜欢的活动场所。）

师：看来小朋友们都很喜欢我们的新学校。现在我们来到了新的学校，我们都是小学生了，我们长大了，可以在新学校里学习更多的知识了，你们开心吗？

（预设：学生回答"开心"。）

（**设计意图**：通过观看微视频《我们美丽的校园》，让学生初步感受到学校环境的美丽，为自己在这么美丽的校园里学习而感到快乐与自豪。）

二、找不同，熟悉新班级

师：一年级的小学生可和幼儿园的时候不一样啦！下面老师有几个问题，看谁能回答得又快又好。（出示图片：校大门标志和教室门口标志。）

谁知道我们的学校叫什么？你是哪个班级的学生？

（预设：大部分学生都能说出自己的校名和班名。）

师：让我们连起来说一说，一起开心地喊出："我是 ×× 学校一年级 × 班的小学生。"

（预设：学生大声回答。）

师：请小朋友们仔细观察我们的新教室，说说现在的新教室和幼儿园的教室有哪些不一样的地方。

（预设：学生能说出课桌的摆放、墙壁的布置等有所不同。）

师：同学们观察得很仔细，我们教室的课桌、椅子、黑板等，跟幼儿园都不一样，高一点，大一点，更漂亮一点。教室里还有公告栏、展示窗、图书角。公告栏主要张贴班级课程表、作息时间表及班内各项工作安排表；展示窗将展示小朋友们最得意的书法、美术作品；图书角会有许多你们喜欢的书，让书香伴随我们成长。（出示教室有关布置的照片，做必要的讲解。）

这就是我们漂亮的"新家"，而你们就是这个家的小主人了。所以，我们一定要爱护班级里的每一样物品，保护环境，热爱我们的家！你们说好不好？

（预设：学生大声说"好"！）

师：不管是新家的布置还是活动安排，都和幼儿园不一样了。在这个新家，你会学到更多的东西，有更多的收获。我们小学生要学不少新功课了，如语文（出示图片，学生一起跟说）、数学（出示图片，学生一起跟说）、英语（出示图片，学生一起跟说）、科学（出示图片，学生一起跟说），等等。你们喜欢不喜欢？

（预设：学生大声说"喜欢"！）

师：小朋友们，小学和幼儿园在环境和学习上都有很大的改变。最关键的是，成为一名小学生后，学习非常重要，我们要比在幼儿园花更多的时间和精力在文化学习上。

（**设计意图**：良好的班级环境会使学生在上课时身心愉悦，从而使学生喜欢在班级里学习。学生通过观察，发现新教室和幼儿园教室的区别，对墙壁文化布置的介绍可以帮助学生熟悉班级环境，感受班级的温馨。）

三、做游戏，认识新同学

师：在这个"家"里，我们可以认识很多好朋友。今天，老师把全班小朋友的照片都带来了，下面我们玩个"照片对对碰"的游戏吧！当看到自己的照片时，你就站起来答一声："我在这里。"其他同学一齐喊："某某某，欢迎你！"好吗？

（在背景音乐中，大屏幕出示小朋友的照片和名字，老师马上叫出小朋友的名字。当小朋友说"我在这里"的时候，老师把写有孩子名字的挂牌挂在小朋友的脖子上，其他同学鼓掌表示欢迎。）

师：刚才老师和大家一起度过了愉快的游戏时间。下面老师要考一考小朋友。你们记住了几个新同学的名字呢？我请几个同学来说一说。请点到的小朋友站起来，指出你记住的新同学，并说说他的名字。

（学生指出记住的新同学并说出他的名字，老师给予鼓励和赞扬。）

师：小朋友们真厉害，一下子记住了那么多新同学的名字。我们要尽快地和新同学做朋友，有了新朋友，我们会更快乐。也许现在小朋友们还没有记住新同学的名字，也许自己的名字没有被人记住，不过都没有关系，我们在以后的学习中慢慢地认识，希望大家都能找到自己的好朋友。

（**设计意图**：通过"照片对对碰"的游戏活动，消除孩子的拘谨，调动学生参与课堂的积极性。让学生说说新同学的名字，在欢快的气氛中熟悉彼此，交流感情，进而形成积极向上、乐群互助的良好氛围。）

四、面对面，记住新老师

师：在这个"家"里，我们不仅可以认识很多好朋友，还可以认识很多新老师呢！他们是谁呢？教我们什么学科呢？你瞧！

（播放课前录好的微视频《我是你的好朋友》，视频中老师与大家打招呼，做生动的自我介绍，简单介绍自己所教的学科。同时，对学生表示"遇到困难可以来找我"，每位老师介绍后，教师带领学生鼓掌欢迎。）

师：小朋友们都记住我们的老师了吗？可不可以告诉我，你们记住了哪些老师？

（预设：大部分学生能回答出各科老师姓什么。）

师：老师就是你们的好朋友，是你们在学校里的家人。所以，以后在学习和生活上遇到困难时，你们可以找谁？

（预设：学生回答"老师"。）

师：是的，请小朋友们一定要记住：在校有困难，一定要找老师。老师们都会热情地帮助你的！当然，如果有开心的事情也可以同老师分享哟！

（**设计意图**：通过微视频让学生认识各学科老师，视频中老师的介绍给学生留下美好的印象，拉近了师生距离。让学生明白在遇到困难时要找老师，老师也是学生的好朋友，从而对老师产生安全感、信任感和归属感。）

五、唱儿歌，我爱我的新家

师：从今天开始，我们就是相亲相爱的一家人了！老师还特意写了一首儿歌送给你们，我们一起来读一读吧！（出示课件，学生跟读。）

我爱我的家

我是小学生，每天早早起。

预备铃声响，书本放放齐。

上课守纪律，认真心专一。

课间讲文明，安全须牢记。

争做好学生，努力学知识。

我爱我的家，快乐在一起。

师：这节课，每一名小朋友表现得都很棒，老师打心底里喜欢你们。在未来的 6 年时间里，老师愿意陪大家一起学习，共同成长。祝愿每个小朋友们在这个新的大家庭里健康快乐地成长！最后，让我们一起来合个影吧！（老师和学生合影留念，并把洗出来的"全家福"摆放在教室内，给学生更多快乐的回忆和温暖。）

一年级新生来到学校。他们对学校充满了好奇，但新学校里环境是陌生的，老师是陌生的，同学是陌生的，他们会有点紧张与不安。这时怎样开展好班级活动，特别是设计好、上好班会课，非常重要。因为做得好，能给学生、给家长留下良好的第一印象，能迈出班集体建设稳健且重要的第一步。

潘老师的《欢迎来到我们的新家》，构思巧妙，设计新颖，操作简便，学生一定会喜欢。

1. 课题吸睛

《欢迎来到我们的新家》，"欢迎""我们""新家"，亲切的话语温暖着学生的心，有助于消除学生的紧张心理，班主任像家人一样热情地和孩子们打招呼。课题具有亲切感，达到了先声夺人的效果。

2. 构思巧妙

潘老师带领学生走进"家"，熟悉"家"的环境，熟悉"家"的成员，了解"家"的要求。对家的环境，潘老师采取"看视频了解大家，找不同熟悉小家"的方法；对"家"的成员，潘老师采取"照片对对碰"认识新同学、"我是你的好朋友"认识新老师的方法；对"家"的要求，潘老师则自编儿歌，概括了基本的要求，让师生在诵读中了解要求、知晓规则。

3. 操作性强

整节课中，潘老师充分考虑了一年级小朋友的心理特点、情绪特点，课程注意变化，张弛有度，操作性强，易学易用。

就这样，这节课开启了小学班会课教育活动的第一篇章。

◎点评：丁如许

【思考题】

1. 你过去是怎样上班会课的？请用一句话概括你心中向往的班会课。

2. 你认为班会课对班主任的成长有帮助吗？

第二章

精心选取
好题材

上班会课，怎样的选题能引发学生关注，怎样的选题有利于学生的发展，怎样的选题有助于班级管理、班级教育，这都是班主任应该认真思考的问题。

在实践中，我认识到，班会课应该是受学生欢迎的，是学生期盼的，也是学生愿意积极参与的。它以精当的选题吸引着学生，以真诚的交流打动着学生，以高深的立意影响着学生，更以出色的成效激励着学生。

一、十面来风

20多年前，我就开始以"十面来风"来表达我对班会课如何选题的主张。现在看来，这一主张仍然不过时。其间，我不断丰富思考，不断深入拓展。我想强调的是，班会课就是要解决问题的，不仅要解决已经发生的问题，还要解决可能发生的问题，也就是一定要关注学生的发展。基于这样的思考，关于如何选取班会课所需题材的问题，我在原有的"十面来风"的基础上有了更为广阔的视野，有了更加坚定的自信。

（一）根据班情选题材

每个班级在发展的过程中都会有自身的长处、特色，但也不可避免地会出现一些问题。发现问题后就必须解决问题。召开班会，就是面对问题、群策群力、弘扬班级正气的重要举措。班会课的选题要根据班级、学生的具体情况来定。比如班级同学上课注意力不集中，班级应开展专题教育，此时班会课是分析课，是指导课，是激励课；班级暂时"后进生"较多，班级应开展"比学赶帮超"的活动，此时班会课是动员课，是推进课，是表彰课；班上如有同学痴迷网络游戏，班级应开展"文明上网"教育活动，此时班会课是警示课，是交流课，是改进课。

在学校，学习是学生的中心任务，班主任要重视学习方法的指导、学习经验的交流，多开展与学习有密切关联的班会课。许多老师都认识到学习方法的重要性，这些方法是让学生自己摸索，从实践中总结，还是老师主动地指导？是由任课老师指导，还是由班主任与任课老师共同指导？是一个一个方法"随机传授"，还是班主任进行比较系统的指导？在实践中，我认识到班主任应与任课老师合作，主动给予学生较为全面的指导，应在班会课上面向学生进行比较系统的讲授，并在班会课上经常开展学习经验交流活动，因此，学习的话题也是班会课的常用选题。

（二）根据年级特点选题材

根据学生的成长特点和规律，可在不同的年级召开具有年级特点的主题班会。

1. 抓年级教育重点

学生在不同的成长阶段有着不同的特点，我们要加强研究。

以初中为例，七年级上学期应进行入学教育，可先召开"当我迈进新校园时"新生谈进校体会、"难忘呵，'黄金时代'"家长回忆中学生活、"我是这样起步的"高年级优秀学生经验介绍等主题班会，再根据初中学科的特点，开展数学或英语学习的交流活动（也可是学科知识竞赛），还可以召开指导学生如何愉快地度过课间 10 分钟的"欢快的 10 分钟"主题班会。八年级是学生易分化的年级，可开展"迈好青春第一步"和"我为国旗添光辉"系列活动。九年级是毕业年级，可开展"母校永在我心中"和"走向美好的明天"系列活动。这些系列活动都可以通过班会课来布置、推进、落实。

2. 结合年级实际

起始年级学生的学习负担相对轻些，班会课的形式可以丰富多样，准备的时间也可以长些,如七年级下学期开展"小记者奔向四面八方"调查活动汇报主题班会,让学生参与社会调查,开阔视野,提高能力。高一上学期召开"百行百业状元郎"走访新闻人物报告主题班会。毕业年级学生学习负担重,活动的规模应小些,使班级活动与学习的联系更紧些,如九年级上学期召开"我最喜爱的一句格言"格言交流、九年级下学期开展"在我成长的路上"征文、"同窗情深共勉励"赠言等主题班会。

(三)根据教育目标选题材

作为班主任,应将"为党育人,为国育才"作为自己的使命担当,作为工作的重点。班主任要认真学习习近平新时代中国特色社会主义思想,认真学习党和国家的教育方针,认真学习教育部和地方教育行政部门的有关文件,把握工作的重点。

我在许多地方讲课时经常问班主任一个问题:"我们常说要加强中小学德育工作,请问德育的内容是什么?"许多班主任都回答不出来。其实答案就在教育部颁发的《中小学德育工作指南》里。《中小学德育工作指南》明确指出"德育内容"为"理想信念教育、社会主义核心价值观教育、中华优秀传统文化教育、生态文明教育、心理健康教育"。如果这一重要的基本概念都不清楚,很难想象老师们将如何积极、主动地开展德育工作。因此我们必须加强学习。

2017年8月,教育部在颁发《中小学德育工作指南》时,强调该文件"是指导中小学德育工作的规范性文件,适用于所有普通中小学。各地要加强组织实施,将《指南》作为学校开展德育工作的基本遵循,纳入校长和教师培训的重要内容,并将其作为教育行政部门对中小学德育工作进行督导评价的重要依据,进一步提高中小学德育工作水平"。《中小学德育工作指南》为我们指明了方向,但德育工作不是"打突击"，还是要细水长流，植根于心。

我经常跟老师们学习、交流习近平新时代中国特色社会主义思想，学习重要的德育文件，这些学习有助于教师明确工作方向，把握工作重点。虽然我们不需要将有关文件倒背如流，但应该做好学习、收藏工作。在需要时将文件找出来看一看、学一学、想一想，思考怎样做才能做得更好。

也许有老师认为这个要求对班主任来说有点"高"，那些文件似乎是校长、德育主任才需要学习的。其实班主任肩负重要的时代使命，时代期望教育工作者在培养人才时有所作为。为共和国培养合格公民和接班人，是班主任的神圣使命和光荣职责，应成为班主任的自觉意识和积极行动。在时代迅猛发展的大潮中，班主任对培养目标的认识应该是明确、清晰的，应该与时俱进。班主任应在自己的电脑内设置"政策夹"，收集有关文件，以加强学习，提高思想认识。

（四）结合重大日子选题材

每年我们的学校生活中都有许多节日、纪念日。有植树节、清明节、五一劳动节、五四青年节、端午节、六一儿童节、教师节、国庆节、元旦、春节等重大节日，有全国中小学生安全教育日（3月最后一个星期一）、世界读书日（4月23日）、世界红十字日（5月8日）、公民道德宣传日（9月20日）等许多纪念日。

在重大的节日、纪念日期间，学校常组织开展活动，班主任要积极带领学生参加活动，但并非每个节日、纪念日都要开展千篇一律的活动。以六一儿童节来说，许多学校全校一起搞活动。我认为如果能根据年级特点来开展活动，效果可能更好。上海有所学校做了这样的有益尝试：小学一年级开展"我长大了"亲子活动，家长与孩子一起参加；二年级开展"鲜艳的领巾"入队仪式；三年级开展"我10岁了"集体生日庆祝活动；四年级开展"炫彩舞台"才艺展示活动；五年级开展"告别母校"纪念活动。在学校开展活动时，班级可根据需要召开主题班会（最好是微班会）予以呼应。

学校在结合节庆日开展活动时，应根据年级特点统筹安排。如：初中结合清明节开展教育活动时，七年级可突出"祭先烈"，引导学生缅怀先烈，追思先人；八年级可突出"敬先贤"，引导学生追忆历史，继承传统；九年级可突出"怀先人"，思念长辈，增强责任。班会课是非常好的抓手。

有些纪念日学校可能不开展活动，班主任可根据班级情况，结合纪念日来开展班会活动。像世界水日（3月22日）可召开"珍惜水资源"的主题班会，国际家庭日（5月15日）可召开"我是家里小主人"的主题班会。

生活中还有新的节日、纪念日出现，如：中国人民警察节（1月10日），2021年为致敬人民警察队伍为党和人民利益英勇奋斗而设立；中国航天日（4月24日），2016年为纪念中国航天事业成就，发扬中国航天精神而设立；全国科技工作者日（5月30日），2016年为激励广大科技工作者牢记使命责任，瞄准建设世界科技强国的宏伟目标而设立。这些新的节日、纪念日都是非常好的教育契机，在中国人民警察节当天，有班主任召开了"致敬，'1·10'"主题班会；在中国航天日当天，有班主任召开了"我们也要遨游太空"主题班会；在全国科技工作者日当天，有班主任召开了"科技事业召唤我"主题班会，这些班会都取得了很好的教育效果。

（五）根据国家大事选题材

"风声雨声读书声，声声入耳；国事家事天下事，事事关心。"国家大事是班会课的重要选题。"一定要高扬爱国主义教育的旗帜"，是许多班主任的共识。

2019 年正值新中国成立 70 周年,许多班主任组织学生回顾新中国成立 70 周年的辉煌历程,特别是围绕改革开放 40 多年的巨大成就开展活动,召开了"70 年 70 事""我的家乡在崛起""改变发展在身边"等主题班会,使学生坚定了"没有共产党就没有新中国""改革开放是必由之路"等信念,坚定了为祖国强盛而勤奋读书的志向。

再如,2021 年正值中国共产党建党 100 周年,许多班主任采取听熟悉的歌、看精彩的视频、结合学情来开主题班会的做法,带领学生了解百年来中国共产党领导中国人民英勇奋斗,实现了"站起来""富起来""强起来"波澜壮阔的伟大历程,也获得了很好的效果。

灾难是不幸的,但灾难常常能牵动人们的心。灾难中发生的许多事蕴含着许多教育元素,我们可以化悲痛为力量。还记得 2008 年汶川大地震发生后,许多班主任召开主题班会,让学生进一步了解党领导中国人民进行的伟大的抗震救灾斗争,交流抗震救灾斗争中最感动的瞬间,感悟生命的价值和生命的意义,激发学生为实现更美好的生活而努力学习的愿望。这种直击学生心灵的话题让学生与灾区人民同呼吸、共患难,产生的影响是长久的。

(六)根据中心工作选题材

在班级工作中,学校德育处也常常布置中心工作。比如创建卫生城市,迎接文明城市建设检查,迎接全省、全国的运动会常常成为许多学校、许多班级的中心工作,许多班主任积极开展工作,相机召开主题班会。以创建卫生城市为例,有班主任从创建卫生城市活动的由来、意义、发展,到创建卫生城市我们该如何行动等方面多角度地设计班会课,还有班主任提出创建成卫生城市后我们应如何巩固、发展成果等内容来设计后续的主题班会。

学校布置中心工作时，班主任要结合班情开展活动、设计班会课，同时要善于从本校老师成功的做法中得到启发，共同做好工作。

（七）根据生活发展选题材

生活在向前发展。我们要积极选择贴近生活的题材，如留守儿童教育、网络文明等。留守儿童教育问题，不只是农村中存在的问题，城市中也有许多留守儿童，他们的心理、情感、学习等许多方面都需要我们关注。再如如何引导学生看待万圣节、圣诞节等"洋节"的问题，这对低年龄段的孩子尤其有指导意义。又如低碳经济、绿色生活方式，这些新概念反映了社会的发展，需要班主任以敏锐的视角，将新鲜的题材引入班会课。

新中国成立以来，党团结带领全国各族人民进行持续不断的伟大奋斗，创造了无数人间奇迹。我国已发展为世界第二大经济体，中国特色社会主义建设取得阶段性成果。在这个过程中，党和政府根据实际情况不断做出政策和策略的调整，以满足社会发展的需要。班主任不仅要成为党的政策的积极拥护者，更要成为执行者和宣传者。如从20世纪80年代的"少生优生""只生一个好"到如今的"为了国家生三胎"，很多的独生子女学生在没有准备的情况下成了哥哥姐姐，他们总感觉弟弟妹妹夺走了来自父母的爱。有班主任就设计了主题班会《老大的烦恼》，引导学生述说自己的烦恼，采取"众人献计"的方法进行解决，还设计了"聆听父母心声"环节，让学生听到、理解爸爸妈妈的心里话。如此层层铺开，动之以情，晓之以理，让学生解开心结，与家人幸福相处。

（八）根据学校特色选题材

班级是学校的细胞。学校的文化需要传承，班级要根据学校的办学特色来开展活动、召开班会课。如我曾经工作过的上海市晋元高级中学是用抗日英雄、爱国将领谢晋元将军的英名命名的学校，根据学校的工作安排，各班要组织开展纪念谢晋元将军、学习谢晋元将军的爱国精神的活动。高一各班均在清明时节开展学写诗词活动，用诗文来祭奠谢晋元将军，班会课就是重要的交流平台，而全校高一年级均召开这一主题的班会课，就形成了鲜明的学校特色。

又如许多学校已建成绿色校园特色学校、读书特色学校、禁毒教育特色学校等特色学校，班主任都需要根据学校办学特色有计划地开展教育活动，召开相应的班会课。

（九）根据偶发事件选题材

班级也会有一些偶发事件，班主任要及时组织开展教育活动，班会课是重要的平台。比如同学患重病、班级发生失窃事件等，班主任均可以此作为教育的题材。但班会课上选取的偶发事件选题一般应是苗头性、倾向性选题，相对个性化的问题还是以个别教育为主，采取师生谈话、家访交流等形式解决。

（十）向优秀班主任学习

许多优秀班主任在实践中积累了丰富的经验，记得我当年听过全国著名班主任任小艾的班会课介绍。她在班主任岗位上辛勤耕耘了15年，时至今日，她的许多学生依旧记得他们当年参加过的主题班会。为了让全体学生学有目标、学有动力，任老师在入学伊始召开了"20年后的同学会"，人人把自己装扮成未来的模样，带着荣誉、成绩、作品步入班集体。为了让每个学生扬起自信的风帆，每学期结束都要召开"评选全班之最"的主题班会，人人寻找自己最优秀的一项本领，教导学生既不要因一时领先的成绩而自傲，也不要因暂时落后的状况而消沉。特别是任老师曾开展以"亲情对话"为主题的班会，让很多学生禁不住热泪滚滚，懂得了"养育之恩"应当"涌泉相报"的道理。任老师的成功经验可以为许多班主任所借鉴。

现在，在班主任专业化发展的背景下，许多班主任创造了新的精彩课例，分享了新的宝贵经验，我们可以好好学习。尤其是本地区、本校的优秀班主任，由于背景相似，他们的实践经验对我们更具有参考意义、借鉴价值。

班会课的选题是丰富的。综上所述，我将如何选题概括为"上接天线"和"下接地气"，"灵机一动"和"有备而来"。"上接天线"，就是班主任要认真学习党和政府的有关文件，把握教育的大方向；"下接地气"，就是班主任要用心关注身边的问题，发现问题及时开展教育。"灵机一动"，就是班主任要具有教育的智慧，上班会课时善于"拨动学生的心弦"；"有备而来"，就是班主任平时要加强学习，掌握上好班会课的基本方法，积极地、有计划地通过班会课加强班级教育。我认为能解决班级问题的班会课，可谓"对症下药"；能关注学生发展需要的班会课，可谓"强身健体"。两者相辅相成，相得益彰。

二、选题材时应注意的事项

为了将班会课上得更好，在选题材时应遵循"小、近、实、新"的原则，同时我们还要注意：

1. 敢于选择工作中的难题

难题会激励我们加强研究，直面挑战。青春期恋爱的话题就曾困扰着许多班主任。近年来，在班主任的积极尝试下，《四季有常，无需逾越》《奋斗正青春》《爱情的模样》等优秀班会课课例相继涌现，让许多班主任感到"心中有数""手中有方"。

2. 乐于选择生活中的新题

新颖的题材，将赋予班会课鲜活的生命力。像如何使用手机、沉迷网络游戏怎么办、保密教育等选题，我们都应该进行认真研究。

3. 努力积累班会课的"基本"题

在工作中，有些话题完全可以成为富有"生命力"的基本话题，如文明礼仪、学习习惯、理想、励志、安全、环保、禁毒、友谊、纪律、集体生日、后进生转化、感恩、节约、考前动员等。班会课形成基本题后，我们便能驾轻就熟，不断探寻教育的规律，提高教育的实效，推动班会课形成基本题与机动题互相结合、有效推进的良好局面。

选题来自生活，来自精心的思考。受学生欢迎的班会课蕴藏着班主任的智慧和经验。在工作中，我们应不断学习，加强研究，积极实践，勇于创新。

链接5

我的"政策夹"

上海市晋元高级中学附属学校南校　李燕

我是一个年轻班主任，我参加过丁如许德育特级教师工作室的研究。丁老师常说，班主任要做好工作，应该从上好每一节班会课做起。

怎样上好班会课，我认为要认真学习习近平新时代中国特色社会主义思想，学习《习近平总书记教育重要论述讲义》。同时我尝试建立"政策夹"，学习党和国家的教育方针政策，学习教育行政主管部门的有关文件，根据党和国家的教育方针、教育行政主管部门的有关文件开展工作，上好班会课。

这些年来，在我的"政策夹"内，有下列文件：

1. 党的十九大报告《决胜全面建成小康社会　夺取新时代中国特色社会主义伟大胜利——在中国共产党第十九次全国代表大会上的报告（2017年10月18日）》

2. 党的二十大报告《高举中国特色社会主义伟大旗帜　为全面建设社会主义现代化国家而团结奋斗——在中国共产党第二十次全国代表大会上的报告（2022 年 10 月 16 日）》

3. 中共中央、国务院《关于进一步加强和改进未成年人思想道德建设的若干意见》

4. 中共中央、国务院《新时代公民道德建设实施纲要》

5. 国务院《未成年人网络保护条例》

6. 全国人民代表大会常务委员会《中华人民共和国未成年人保护法》

7. 全国人民代表大会常务委员会《中华人民共和国家庭教育促进法》

8. 教育部《中小学德育工作指南》

9. 教育部《中小学班主任工作规定》

10. 教育部《中小学公共安全教育指导纲要》

11. 教育部《中小学心理健康教育指导纲要》

12. 教育部《中小学生环境教育专题教育大纲》

13. 教育部、国家民委《学校民族团结教育指导纲要（试行）》

14. 教育部《中小学廉洁教育指导纲要》

15. 教育部《中小学生预防艾滋病专题教育大纲》

16. 教育部《中小学生毒品预防专题教育大纲》

17. 教育部《学生伤害事故处理办法》

18. 教育部《大中小学劳动教育指导纲要（试行）》

19. 国家国防动员委员会《全民国防教育大纲》

20. 中共中央、国务院《关于进一步减轻义务教育阶段学生作业负担和校外培训负担的意见》

21. 教育部等十七部门《全面加强和改进新时代学生心理健康工作

专项行动计划（2023—2025年）》

22.上海市教委《上海市中小学生命教育指导纲要》

23.上海市教委《上海市学校民族精神教育指导纲要》

24.上海市教委《上海市中长期教育改革和发展规划纲要》

25.上海市教委、上海市人民检察院《中小学生欺凌防治指导手册》
…………

收集这些文件看似复杂，但实际上并非很难。我们只须做一个有心人。我们可以借助网络，登录有关网站搜集相关文件。

另外，作为年轻教师，我觉得多问、多请教非常重要。我经常向身边的老师请教，同伴互助使我获益匪浅。当然我也非常感谢丁老师，他给我们提供了很多的指点。

当了解了党和国家的方针政策及具体要求后，上班会课时我们就心中有数了。如对于禁毒教育，《中小学生毒品预防专题教育大纲》是这样要求的——小学：了解毒品危害的简单知识，远离毒品；初中：了解有关禁毒的法律知识，拒绝毒品诱惑；高中：学会自我保护，培养禁毒意识和社会责任感，发现可疑情况能够及时报告。

作为初中班主任，我通过开展参观活动、班会课、课后作业落实禁毒教育。首先组织学生参观上海市禁毒教育馆，结合学习单完成探究学习；接着引导学生整理学习单形成探究报告并在班会课上进行交流，加强自我教育；随后要求学生课后完成绘画、书法、感悟文章等形式多样的作品，为班级环境布置提供素材。

总之，班主任就应该要注意搜集相关的政策文件，建立起自己的政策文件资料夹，在认真学习的基础上上好班会课。

班主任工作专业化发展理念的提出，为班主任指明了前进的要求。

班主任要实现专业化发展，应该具备哪些专业知识、专业技能呢？我认为其中很重要的是，班主任应成为"政策人"，他应该是党和国家教育方针政策的执行者、学生成长的引导者。从这一点出发，班主任首先应建立"政策夹"，以便深入学习、落实党和国家的方针政策。李燕老师做了有益的尝试。相信每一位熟悉党和国家教育文件的教师，他的专业化色彩会更浓，他在工作中得到的指导作用也会更大。

◎点评：丁如许

🔗 **链接6**

学 会 微 笑

四川省成都市双流区实验小学　李琴

【设计背景】

《中小学文明礼仪教育指导纲要》中明确指出，小学重在培养学生良好文明习惯，让学生掌握基本的礼貌、礼节规范，具体要求 4～6 年级的学生要掌握微笑、点头、鞠躬等常用体态语。《中小学心理健康教育指导纲要（试行）》中也要求小学中高年级要引导学生在学习生活中感受解决困难的快乐，帮助学生克服学习困难，正确面对厌学等负面情绪，学会恰当地、正确地体验情绪和表达情绪。

小学四年级的学生虽已养成较好的文明礼仪习惯，但在人际交往中并不习惯微笑。同时，随着学业压力的增加、心理的变化，孩子的烦恼也在增加，以至于微笑逐渐减少。因此，学会微笑，掌握人际交往的常用体态语，学会微笑面对生活中的烦心事，感受解决困难的快乐应成为班主任引导学生成长的话题。

【教育目标】

1. 认识微笑，知晓微笑的作用，懂得微笑在生活中起着表示友好、赞美、鼓励、自信、感谢等作用。

2. 学会微笑，增进与他人友好相处的情感。

3. 学习将微笑运用于学习、生活中，培养微笑的习惯，学会用积极乐观的态度面对生活。

【课前准备】

1. 准备公益视频《微笑的力量》并剪辑为两部分。

2. 准备吸管、信封，提前让学生带小镜子、微笑的照片。

3. 制作课件。

【课的过程】

一、热身活动：快乐微笑表情操

师：同学们，今天老师带大家来玩一个挑战游戏，当屏幕上出现不同词语时，你们要快速做出相应的表情，敢接受挑战吗？好，让我们随着音乐的节奏开始吧！

（动感的音乐声中，屏幕上滚动出示图片：开心、生气、兴奋、惊讶、高兴、惊恐、喜欢、害羞、害怕、尴尬、无可奈何……学生跟着图片做不同的表情。）

师：同学们，做完表情操，你们是什么心情呢？

（预设：学生回答"非常开心、很高兴"。）

师：是啊，从你们刚才的笑容里老师也感受到了你们的开心，你们嘴角上还挂着微笑，我们就把刚才的表情操命名为"快乐微笑表情操"。你们说好不好？

（预设：学生回答"好"。）

师：看来微笑总是能够带给我们好心情。

（**设计意图**：通过表情操，调动学生的积极性，激发学生的积极情绪，让学生感受微笑带来的好心情。）

二、体会微笑的力量

师：生活中，我们经常会无意间与他人发生碰撞，有急事无意抢了车位，不小心把水洒到了别人身上，或者玩耍时偶然摩擦……我们一起去现场感受一下吧！请看视频——

（播放公益视频《微笑的力量》前半部分，并定格在四张生气的照片。）

师：同学们来猜一猜：画面中的他们会是怎样的心情？他们接下来可能会有怎样的行为呢？

（预设：学生积极回答，答案多种多样。如我猜资料被撞掉一地的叔叔一定非常生气，很可能会去和撞他的人理论一番，甚至打起来；我猜被抢了车位的叔叔一定非常愤怒，因为他马上就要倒进车位了，却被另一辆车抢了位子，他已经开始挽袖子了，我想他可能会让抢车位的人把车开出去；我猜被洒了一身咖啡的叔叔可能会追上阿姨，怒气冲冲地指责她；我猜两个小朋友可能会打起来；等等。）

师：是啊，同学们的猜测都很有道理。让我们继续看下去，他们到底是怎么解决的？

（播放《微笑的力量》后半部分，定格在四张微笑的照片，并与愤怒的照片做对比。）

师：和你们猜的一样吗？是什么让他们化解了冲突呢？你们能来谈谈他们的内心发生了怎样的变化吗？

（预设：学生积极回答，答案多种多样。如被踢到的小朋友回头看到后面的小朋友有点不好意思地微笑，知道他不是故意的，也回以微笑，原谅了他；资料被撞一地的叔叔看到撞他的叔叔充满歉意的微笑，并且赶紧帮忙捡起资料，知道这位叔叔也是因为有事，走路太匆忙才不小心撞到的，就原谅了他；等等。）

师：生活中总是有一些小事，可能不是那么顺心，但是用微笑宽容他人，不仅避免了冲突，还能让我们的心情放松，让我们更加快乐，这就是微笑的力量。

每天早上，走到学校，保安叔叔微笑着和我打招呼，他的微笑让我感受到了温暖；来到办公室，同事微笑着和我问好，让我心情愉悦。在你的生活中，微笑给你带来过哪些好处呢？你能举个例子来说一说吗？

（预设：学生积极回答，答案多种多样。如公交车上微笑着给老奶奶让座，老奶奶夸奖我；爸爸下班回家，我微笑着递上一杯水，爸爸也微笑着搂着我说我懂事；校门口的两家文具店，一家老板总是板着脸，一家老板总是笑眯眯的，我和同学都爱去老板爱笑的那家店；等等。）

师：有一种阳光的微笑，能够驱赶病魔，有一种平凡的鼓励，能让无数人看到希望（出示医务工作者微笑的图片）；有一种帅气的微笑，永远冲锋在前，有一群最美的背影，为我们保驾护航（出示消防员微笑的照片）；有一种温暖的微笑，守护人民安康，有一种责任担当，指引迷途的人返航（出示警察微笑的照片）。微笑像冬天的暖阳，给人温暖的关怀；微笑像黑夜里的星光，给人希望的力量（出示各行各业劳动者微笑的照片）。

（**设计意图**：分段观看公益视频，让学生感受到微笑可以化解生活中的剑拔弩张以及可能爆发的冲突，体会微笑的力量；引导学生联系生活实际，感受微笑在生活中的作用，而消防员、警察等各行各业劳动者的微笑升华了微笑的力量。）

三、对着镜子学微笑

师：微笑是人的一种表情，是人类美好情感的流露，是一种特殊的情绪语言，是一种全世界通用的语言，是人际交往中最基本、最常用的礼仪。那么，看了刚才这些照片，你能说说微笑有哪些特征吗？

（预设：学生积极回答，答案多种多样。如：脸上的表情温和，嘴角上扬，露出牙齿；目光友善，眼神柔和；等等。）

师：同学们都发现了微笑时表情温和，嘴角上扬，露出牙齿，这就是嘴笑；目光友善，眼神柔和，这就是眼笑；微笑时，你的心一定是充满善意的，也就是心笑。微笑时我们要做到：眼笑、嘴笑、心笑（出示PPT）。

师：生活中，总是有无数平凡的人，用他们的微笑装扮自己的表情，点亮你我的心情。同学们，你们想和他们一样拥有最美的微笑吗？接下来，我们一起进入"微笑小课堂"，也来练一练吧！请大家拿出信封里的吸管和小镜子，像老师这样把吸管含在嘴里对着镜子练习微笑吧！生活中有"露出八颗牙的微笑最美"的说法，我们也可以有意地尝试一下。（老师巡视指导）看到你的笑容这么灿烂，请你微笑着和大家打打招呼吧！（请笑容灿烂的同学和其他同学打招呼，随机请没有露出牙齿的同学展示微笑，同学评一评。）

师：大家的微笑都特别美，现在把镜子和吸管放进信封，微笑着和你的同桌打个招呼吧！微笑着和小组的同学打个招呼吧！（同学之间互相评价，教师巡视随机抓拍笑容，现场分享。）

（**设计意图**：学业的压力、成长的烦恼，让孩子们脸上的笑容减少了许多。先了解微笑的特点，即眼笑、嘴笑、心笑，再让孩子含着吸管对着镜子练习，可以起到辅助改善面部微笑表情的作用。让学生掌握微笑的体态语，带着微笑和同学打招呼，在温馨、快乐的氛围中学习微笑，体会微笑的魅力。）

四、设置情景练微笑

师：同学们，瞧，这张照片（出示蔡磊和叶檀微笑的照片）你们知道他们是谁吗？你们知道这张照片拍摄于什么样的情景下吗？

（预设：学生回答"不知道"。）

师：右边这位叫蔡磊，是某知名公司前副总裁，2018 年他被确诊患上了渐冻症，渐冻症其实就是绝症，一旦病发就不可逆转，肌肉萎缩，全身瘫痪，四肢退化，口齿不清，寿命只剩 2～5 年。突如其来的灾难并没有击垮蔡磊，他发起了一场和死神之间无声的战争。于是，他开始研究渐冻症，也用生命与渐冻症抗衡。他建立了目前全球最大的民间渐冻症患者科研数据平台，他还链接资本与药企和科研人员，推动渐冻症药物管线的研发，他还试图建立和打通渐冻症患者遗体捐献的渠道，让渐冻症患者在有意愿的情况下可以捐赠遗体，以作为科研样本，等等。左边的这位叫叶檀，是知名的财经作家，她身患癌症四期，病症已经转移到了骨头，无法通过手术根治，离死亡很近了。这是他们今年秋天相见时的场景，在经历了人生的风霜后含泪大笑并且约定：活下去，好好活！蔡磊在《相信》一书中写道："我要打光最后一颗子弹。""纵使不敌，也决不屈服。"（出示课件。）

师：了解了这张照片微笑背后的故事，你们有什么想法？

（预设：学生积极回答，答案多种多样。如：我希望他们能够早日康复，希望阳光能够照亮他们；我很佩服他们，面对生死大事，还能微笑面对；两个面对绝症的勇者，用微笑去和死亡做斗争，他们的勇敢和豁达让我非常敬佩；等等。）

师：是啊，生活不会一帆风顺，总会有这样那样的挫折和困难，脸上有微笑，心中更应该有微笑。在生活中，如果遇到这些情况，你会怎么做呢？小组内演一演吧！

情景一：这次考试你发挥不好，考得不理想，这时，你……

情景二：和小组同学讨论班会活动方案，可是，同学不同意你的想法，这时，你……

情景三：你学小提琴 3 年了，最近遇到了瓶颈期，不管怎么练习都好像没有很大的进步，这时，你……

情景四：运动场上正在进行 800 米跑步比赛，小伟同学满头大汗，气喘吁吁，快要坚持不住了，正在跑道旁的你会……

（小组商量，全班汇报，老师点评。）

师：面对种种困难，最好的办法就是以微笑面对。心态积极的人，愿意选择缩小困难，放大快乐。每天以微笑面对生活的人，他的生活也会充满微笑。生活犹如照镜子，你用怎样的目光就会看到怎样的生活。当你微笑时，你会看见周围的世界充满阳光，身边的人也都散发着温暖。你对生活微笑，生活便会对你微笑。

（**设计意图**：蔡磊和叶檀微笑面对逆境，面对绝症，他们积极的人生态度和坚韧不拔的抗争精神可以极大地感染学生。引导学生正确面对生活中的困难，调节自己的心态，感受解决困难的快乐。）

五、赠送微笑大礼包

师：面对生活，马克·吐温说，人类确有一件有效武器，那就是笑。老师也想赠送给大家一个微笑大礼包，我们一起来看看吧！（出示关于微笑的佳句，要求学生朗读。）

笑是两个人之间最短的距离。

世界各地，语言各异，唯有微笑在全世界通行。

微笑是最好的名片。

微笑是世界上最美丽的语言。

有一束阳光，永不消逝，

照亮我的心灵，照亮我的路，它就是微笑。

微笑是一种神奇的力量，能给人美的享受；

微笑是一股源源不断的甘泉，能给予你无限的力量。

师：你愿意选择哪句话作为你的座右铭呢？

（预设：学生积极回答，答案多种多样。如：我选择"笑是两个人之间最短的距离"这句，因为很多时候我们和同学之间的误解就是因为没有用上微笑的表情；我选择"世界各地，语言各异，唯有微笑在全世界通行"这句，我们小区有一个外国人，虽然我们不懂对方的语言，但是每次碰面我们都会给对方一个微笑，我觉得这种感觉很美好；等等。）

六、争当微笑小天使

师：同学们，请你拿出事先准备的微笑照片，谁愿意和大家分享一下你的微笑照片以及照片背后的故事呢？

（预设：学生分享照片背后的故事，有参加比赛获奖时的照片，有出门旅游时的合影，有运动会的瞬间，有劳动时的缩影，等等。）

师：谢谢同学们的分享，相信你的心里一定也有许多话想说，在今后的学习中、生活中，你会怎么做呢？

（预设：学生积极回答，答案多种多样。如：我会更加努力，争取能够再次站到领奖台上，能够自豪地微笑；我会对家人微笑，对朋友微笑，对同学微笑，对老师微笑，对身边人微笑，努力做照亮身边人的小太阳；等等。）

（设计意图：用微笑照片以及照片背后的故事分享，唤起学生心中的快乐回忆，激发学生积极正向的情感体验，引导他们更加乐观向上。）

七、美丽微笑伴成长

师：同学们，让我们把我们最美的微笑照片贴在教室后的笑脸墙上，让最美的微笑伴随在我们的身旁！（学生贴照片。）

师（总结）：同学们，今天我们了解了微笑的力量，学习了如何微笑，希望你们都能把微笑送给家人、同学、老师，把你们的爱心和暖意带给身边人，用积极阳光的心态去微笑着面对生活中的困难，争做微笑的小天使！在今后的学习生活中将微笑作为一种习惯，作为一种态度。

老师希望同学们能乐观地对待学习与生活，感受微笑的无穷魅力！

（**设计意图**：把微笑照片贴在教室后的笑脸墙上，让这种正向积极的情感体验随时能够激励学生。教师热情寄语，让学生能够学习微笑，在生活中能够运用微笑，感受微笑的魅力。）

专家点评

这个课题我很喜欢。它结合两个教育文件的要求，根据学情来设计、实施，具有一举多得的效果。

"快乐微笑表情操""体会微笑的力量""对着镜子学微笑""设置场景练微笑""赠送微笑大礼包""争当微笑小天使""美丽微笑伴成长"，每个环节都很用心，可操作性强。相信许多学校的班主任都可以借鉴。

◎点评：丁如许

🔗 链接7

学习一定有高招

上海市甘泉外国语中学　夏洁

【设计背景】

《国家中长期教育改革和发展规划纲要（2010—2020年）》中指出："过重的课业负担严重损害儿童少年身心健康。减轻学生课业负担是全社会的共同责任，政府、学校、家庭、社会必须共同努力，标本兼治，综合治理。把减负落实到中小学教育全过程，促进学生生动活泼学习、健康快乐成长。"著名教育家叶圣陶说："教是为了不需要教。""当教师的人要引导他们，使他们能够自己学，自己学一辈子，学到老。"授人以鱼，不如授人以渔。教师除了要教给学生知识、技能，还应教给学生独立获取知识的方法和能力。教会学生学习，使他们能够不断地获取新知识。他们即使离开了老师，离开了学校，还能自主学习，满足自身发展的需要。

从小学升入初中，无论是课程设置、学习内容、学习方法，还是人际关系、身心发育都会面临许多新的课题。不少七年级学生未能根据初中学习生活的新特点进行调整，结果进入初中后手足无措，影响了学习质量。掌握正确的学习方法，养成良好的学习习惯是学习成功的必经之路。与小学生相比，初中生的学习方法显得更加多样，如何帮助学生用科学的方法学习，提高学习效率，成为学习的主人，是班主任应该帮助学生解决的实际问题。

【教育目标】

1. 知识与技能目标：了解学习过程中的 5 个重要环节，掌握相关的学习方法，提高学习成绩。

2. 过程与方法目标：在思维训练中，学习和掌握提高记忆力的方法。

3. 情感、态度和价值观目标：感受学会学习，体验学习的欢乐。激发学习热情，养成良好的学习习惯，为终身学习奠定良好基础。

【课前准备】

1. 开展学习习惯小调查。

2. 制作课件。

【课的过程】

一、设置情境，引出话题

师：同学们好！今天我想给大家讲一个故事：传说八仙之一的吕洞宾有点石成金的本领。有一天，他遇到一个贫穷的道士，就顺手点了一块石头，把那块石头点成了金子。吕洞宾要把金子送给穷道士。然而，这位穷道士不要金子，而要吕洞宾那点石成金的手指。想一想，这个穷道士为什么不要金子，而要手指？

（预设：学生回答金子总有用完的一天，他想要学会点石成金的方法，这样，今后他要多少金子就有多少金子了。）

师：这个故事给我们一个启示：在学习上，重要的不只是学到一些现成的知识，而是要掌握良好的学习方法，这样才能提高学习成绩。这良好的学习方法就是我们所说的点石成金的金手指。有了这个金手指，我们的学习将变得轻松高效。

古语云："得法者事半功倍，失法者事倍功半。"

联合国教科文组织出版的《学会生存》中有一句名言："未来的文盲，不再是不识字的人，而是没有学会怎样学习的人。"

学习，要想达到好的效果，需要讲究方法。

（**设计意图**：设置情境，导入话题，在激发学生兴趣的同时，通过对"金子"和"点石成金的方法"哪个更重要的比较，引导学生深刻认识到学习过程中不能仅局限于学到一些现成的知识，更要掌握良好的学习方法的道理。）

二、五步学习，稳扎稳打

师：同学们，现在我们是七年级学生。有人总结初中学习特点，用了这样几句话：初一难分上下，初二两极分化，初三天上地下。这样的说法不是很准确，但也反映了一些初中生学习的现状。为什么短短三年的学习效果会如此大相径庭？其中一个很重要的原因就是学习方法的正确与否。

学习是一个完整的过程，可分为"预习、听课、复习、做作业、考试"这5个重要环节，少了哪一环节都会影响学习的效果。但不少同学往往不重视预习和复习，认为学习就是上课听讲，下课作业，作业做完，万事大吉。

要抓好学习，必须抓好学习五环节。

1. 预习：磨刀不误砍柴工

师：你觉得预习重要吗？请同学们根据情况，实事求是地回答。

（预设：学生积极回答，答案多种多样。如：做作业都来不及，没有时间预习；预习不过是老生常谈，形式而已，做不做无所谓，只要上课认真听就可以了；不会预习，不知道要做什么；等等。）

师：预习其实是花少量的时间，搞清听课的重点，使听课更具有目的性。建议同学们加强课前预习，因为"磨刀不误砍柴工"。（PPT 展示）记得我在读书的时候，语文课本上的每篇新课文，我都会先通读一遍。那些陌生的字词，我会查字典，弄清楚字音词义。英语，我会提前背诵老师要讲的新课单词。而数学，我会结合书上例题，自己先尝试解答书后习题。课本中看不懂的地方，往往就是教材的重点、难点，或自己学习中的薄弱环节，预习时可以把看不懂的地方记下来，上课时特别注意听老师是怎么讲的。这样，听课的目的非常明确，注意力也容易集中，听课效果肯定会好。正是这种合理的"抢跑"，让我在学习上得心应手，渐入佳境。

2. 听课：一听、二动、三看

师：听课讲究"一听、二动、三看"。大家说说看，一听，听什么？二动，动什么？三看，看什么？

（预设：学生回答"听讲、动脑、看黑板"等等。）

师：说得真好。"一听"，老师上课讲的内容字字句句都要听得非常认真。"二动"：一是动脑，积极思考、记忆、提问；二是动手，上课时，用笔在本子上记录，验算，设问……"三看"：一看老师，老师讲课时我们要注视老师；二看黑板、看幻灯片或实验，老师演示或做实验时，要盯着黑板、幻灯片，要关注实验的过程和细节；三看书，老师讲书中内容或作业时，眼睛要看着书和作业本。

也有老师将听课的要点编成了口诀：跟着老师思路走，不懂就问勤开口；边听边想边记录，好记性加烂笔头。

3. 复习：温故而知新

师：古人云："温故而知新。"复习是巩固、消化和深化学习内容的重要环节。

早在 1885 年，德国著名心理学家艾宾浩斯对遗忘现象研究发现，人们对学到的新知识，一小时后只能保持 44.2%，两天后只留下 27.8%，6 天后只剩下 25.4%。这些数据表明，知识刚学过之后，遗忘得特别快，经过较长时间以后，虽然记忆保留的量减少了，但遗忘的速度却放慢了。即遗忘的规律是：先快后慢，先多后少。针对这一规律，我们学过新知识后，要"趁热打铁"，复习必须在遗忘发生之前进行。切莫以为什么时间复习都一样，复习的最佳时间是接触知识后的 1 ~ 24 小时，最晚不超过 2 天，在这个区段内稍加复习即可恢复、巩固记忆。（出示 PPT）下面请看艾宾浩斯遗忘曲线表。

表1 艾宾浩斯遗忘曲线表

时间间隔	记忆量
刚刚记忆完毕	100%
20 分钟之后	58.2%
1 小时之后	44.2%
8 ~ 9 个小时后	35.8%
1 天后	33.7%
2 天后	27.8%
6 天后	25.4%
31 天后	21.1%

对于复习，我总结出三个关键点：

（1）要及时复习——千万不要等快要忘记了再去复习。"修复总比重建省事"。

（2）要经常复习——步步为营。一般来说，在学习后的 6 小时、一天、3 天、一周、一个月各复习一次效果最好。因此，学校老师课后布置作业，设置周练、月考等都是有科学依据的。

（3）我们用什么辅助复习呢？就是课堂笔记。试验表明：用书做复习工具，做完单科复习要 20 分钟；用课堂笔记做复习工具，每大只需 8 分钟，这就使学习效率提高。

4. 做作业：学会应用、勤加练习

师：我想问问大家，平时你们是怎么做作业的？请同桌之间互相交流、分享一下自己的心得。

（预设：同学回答"先难后易、文理搭配、劳逸结合"等等。）

师：做作业之前要先复习。做作业时，一不要看书，二不要问别人，三要有时间限制，只有这样，"做"才有实际价值。假如每次做作业都是先复习，然后像对待考试一样去做作业，那就等于一天考一次试，就不会出现作业 100 分但考试答不上来的情况了。

5. 考试：举一反三、实战演习

师：要用良好的心态面对考试。作家刘墉说过："一个人不可能被考试打倒，只可能被考试打得自暴自弃；如果他因为没考取，而在未来的人生中失败，绝不是被考试淘汰的，而是被他自己'沮丧的心'淘汰的。"考试是一件平常的事情，就是检测一下自己对知识的掌握程度，所以应当以平常心对待。

即使有时候考试发挥失常，成绩不是很理想，我们也不能影响自己的学习和生活。好马还有失前蹄的时候呢，我们完全不要太在意一次考试，因为我们的实力还在，不要因为一次失误就全盘否定自己。另外，考试中发现的问题，正好为我们提高自己、改进自己的不足提供了一个比较明确的方向。

有人说："世界上最有价值的习题，不是专家出的习题，而是自己做错的习题。"错题本是日本学生发明的，20世纪80年代传到中国。我们应该准备一个错题本，小到作业，中到随堂考，大到月考、期中考、期末考，及时收集整理自己做错的所有题目，对每道做错的题目进行详细分析，找出造成错误的症结所在，明白自己的薄弱环节，及时查漏补缺。

平常有空的时候，可以经常翻翻自己的错题本，回忆一下当时订正的过程，从而巩固薄弱的知识点。

尤其是在考试之前，没有必要大量做题，但要翻翻错题本，保证所有错题涉及的知识点都已掌握，"成功"就近在咫尺了。

（**设计意图**：基于各学科学习的共性，提炼学习的共性方法，把学习视作一个完整的过程，从学习的重要环节入手，结合学生平时学习中存在的误区，引导学生在"预习、听课、复习、做作业、考试"五个环节掌握科学的学习方法和养成良好的学习习惯，严格要求自己，做学习的主人，使自己每一天都能学有所获、学有进步。依靠平时点滴的积累，从量变上升到质变，从而最终取得好的成绩。）

三、学有妙法，教你几招

师：分析完学习中的5个环节，下面帮同学们解决一个更现实的问题。那就是：要记的东西太多，我们该何去何从？这里教大家几招。

1. 归纳记忆法

师：英语要记的单词很多，但有规律可循。比如英语中有大量词汇，然而常用单词只有3000～5000个；英语有26个字母、48个音标，只有72种主要的拼写组合；关键词中有一半是音形一致，另一半则不是。我们来读以下单词（请按竖排读）：

bat	got	train	hit	set
cat	pot	brain	fit	bet
sat	hot	drain	sit	met
mat				
hat				

师：可以看出每个竖排的单词的元音字母都有相同的发音。寻找出规律，有利于我们对知识的记忆。这就是归纳记忆法。

2. 联想记忆法

师：学历史时，许多事件要记年代、人物、地点，很多同学感到记不住。现在请同学们看下面三句话，这三个句子讲了哪三个人？请同学们根据这三句话猜猜看，他们分别建立了哪几个国家，都城分别在哪里，是在哪一年建的？这三句话是：

曹丕喂洛羊，一天二两饼；

刘备守成都，一天二两药；

孙权建吴业，养了三只鸭。

（预设：学生可以答出都城洛阳、成都，但答不出建业；建都的时间有点难。）

师：公元 220 年，曹丕建魏，定都于洛阳，需记的内容有"220""曹丕""建魏""洛阳"，可用联想加串联法记作："曹丕喂（魏）洛羊（阳），一天二两（22）饼（0）"。

同理可记："刘备守（蜀）成都，一天二两（22）药（1）"；"孙权建吴业（建业），养了三只鸭（222）"。因为刘备建蜀时已风烛残年，故一天二两药；而孙权建立的吴国在长江边上，故与养鸭联系起来。

3. 口诀记忆法

师：我们再来关注语文学习。"戌、戍、戎、戊"这四个字，好像四胞胎兄弟，你们知道怎么读吗？我们请一名同学读读看。

（预设：学生往往辨认不准。）

师：汉字中有一些字，字形相近，很容易混淆。比如这四个字，仅一笔之差，稍不注意就会搞错，有老师将这些字进行归类，编成口诀，帮助辨析，巩固记忆，效果很好。我们来试试。点戍（shù），横戌（xū）、空心戊（wù），戎（róng）字交叉要记住。

（预设：学生一起读。）

4. 谐音记忆法

师：现在我们关注数学。数学学习要培养兴趣。我请同学来背一下圆周率，看看能记住小数点后多少个数字。谁想挑战一下自己？

（预设：学生尝试背诵。）

师：其实说起圆周率，还有一个很有趣的小故事呢。从前，有个教书先生特喜欢喝酒。上课时总是给学生留道题，就到私塾的后山上找山上的老和尚喝酒。这天，他给学生留了道题，就是背圆周率，然后自己提壶酒就到山上的庙里去了。圆周率位数这么多，不好背啊！有个聪明的学生就想出了一个办法，把圆周率编了个打油诗："山巅一寺一壶酒，尔乐苦煞吾，把酒吃；酒杀尔，杀不死，乐尔乐。"其实就是3.1415926535897932384626的谐音。先生一回来，学生居然都把这个给背了下来，很是奇怪。但仔细一想，就什么都明白了，原来是在讽刺他呀……

3. 14159 26535 897 932 384 626

山巅 一寺一壶酒，尔乐苦煞吾，把酒吃，酒杀尔，杀不死，乐尔乐师：在学习中，人们总结出许多有效的记忆方法，这些记忆方法可以根据需要用于不同的学科。

（**设计意图**：遵循和掌握记忆的客观规律，结合学生的认知特点和心理发展水平，通过归纳记忆法、联想记忆法、口诀记忆法、谐音记忆法等方法，指导同学掌握科学的记忆方法，将无意义的记忆材料意义化，发挥创造性进行理解记忆，正确用脑，主动寻找记忆诀窍，成为记忆高手。改变学生由于不善于运用科学合理的记忆方法导致的记忆能力不强、学习效率低下、学习成绩不理想等状况，帮助学生学会科学记忆，增强记忆力，提高学习的质量和效率。）

四、学思结合，知行统一

师：同学们，在学习中，我们还应努力养成良好的学习习惯、学习品质。

1. 多思

师：孔子早就教诲我们"学而不思则罔，思而不学则殆"。韩愈也说过"业精于勤而荒于嬉，行成于思而毁于随"。爱因斯坦在谈自己成功经验时指出，学习知识要善于思考，思考，再思考。

曾经的世界首富比尔·盖茨从小显露的最大特点就是喜欢思考。母亲叫他吃饭时，比尔·盖茨置若罔闻，甚至整日躺在他的卧室里不出来。当母亲问他干什么时，比尔·盖茨总说："我正在思考。"有时他还责问家人："难道你们从不思考吗？"比尔·盖茨的头脑似乎时刻都在高速地运转。直到现在，微软公司还流传着这样一种说法："和大多数人谈话就像从喷泉中饮水，而和盖茨谈话像在救火的水龙头中饮水，让人根本应付不过来，他会提出无穷无尽的问题。"

从前，一个年轻的英国人仰卧在一棵苹果树下，思考问题。突然，一只苹果落到了地上。"苹果为什么会落到地上呢？"他问自己。地球会吸引苹果吗？苹果会吸引地球吗？它们会相互吸引吗？这里面包含着什么样的普遍原理呢？这位年轻人就是牛顿，他用思考的力量，发现了万有引力。

你的一天有 1 440 分钟，将这个时间的 1%——仅仅 14 分钟——用于思考。这个习惯是一种给精神充电的好方法，对学习效率的提高很有帮助；这一良好习惯的形成，对你的人生也具有积极的推动作用。

2. 勤问

师：清代的思想家刘开说，非学无以质疑，非问无以广识。《学习的革命》一书中也提到，ASK 是学习者字典中最好的三个字母。

被称为"万世师表"的孔子，有不懂的事情便求问于人。一次，孔子去太庙参加鲁国国君祭祖的典礼，他一进太庙，就向人问这问那，几乎每一件事都问到了。当时有人讥笑他："谁说孔子有学问、懂得礼仪？你看，他来到太庙，见什么人都要问，遇到什么事都要问。"孔子听到人们对他的议论，说："对于不明白的事，遇人必问，这恰恰是我求知的表现！"

波兰伟大的天文学家哥白尼，从小就非常喜欢问问题，并且一定要找到答案才肯罢休。

复旦大学的校训"博学而笃志，切问而近思"，每句话中的第二个字连起来就是学问。学问就是要问问题。

同学们，你们的身边有没有这样喜欢思考和提问的同学呢？

（预设：学生做简要交流。）

师："遇事一问，必长一智"，发扬勤学好问的精神，做知识的主人。希望我们在学习中都能养成勤学好问的习惯，做学习的主人！

3. 讨论

师：《诗经》中指出，学习要"如切如磋，如琢如磨"。其实我们上课时，有很多话题就是讨论出来的结果。英国作家萧伯纳说过这样一句话：如果我有一个苹果，你有一个苹果，交换一下，每个人还是只有一个苹果；假如我有一种想法，你有一种想法，交换一下，每个人都有了两种想法。

讨论是一种非常好的学习方法。一个比较难的题目，经过与同学讨论，你可能就会获得很好的灵感，从同学那里学到好的方法和技巧。

（**设计意图**：结合同学们耳熟能详的思想家、文学家的例子，从多思、勤问、讨论等维度，引导学生努力养成良好的学习习惯、学习品质，激发学生内在动力，将古圣先贤作为自己的榜样，向榜样靠拢，养成思考的习惯，养成勤学好问的习惯，养成讨论的习惯，给精神充电，做知识的主人。这些好的习惯的养成将会伴随孩子一生，无论学习，还是生活、做人或处世。播下一个行动，收获一种习惯；播下一种习惯，收获一种性格；播下一种性格，收获一种命运。）

五、学无定法，贵在探索，成于执着

师：每个人都有自己的学习方法，别人的不一定就比你的好，也不一定就适合你，老师介绍的方法，可能对你有帮助，你可以有选择地进行尝试，或许，你自己还有更合适的学习方法——总之，我们应拥有一个点石成金的手指。让我们一起加油，一起努力！

（**设计意图**：首尾呼应，引导学生明白学习有法，学无定法，贵在得法。）

专家点评

这节课当时在面向全国各地的中小学班主任开课时，曾经有与会的老师质疑：这节课算不算班会课？我的回答是：关注学生学习、关注学生成长的课，都可以称为班会课。

这节课引发的另一个思考是：班会课的时间长度究竟如何设置？对于班会课的时间长度，很多老师都很清楚，应该用足课时。但不少老师在处理了班级日常事务后，感到剩下的时间难以安排，于是"补课""自修""劳动"种种怪相出现，甚至有班主任干脆提早放学。

我对班主任的苦衷深有体会，但对将班会课时间挪作他用的做法绝不赞成。这节课当时是用足了 40 分钟或 45 分钟的。我和老师们交流时指出，这节课可以在 40 分钟或 45 分钟内一次上完，也可以分 3 次来上。具体设想是：在处理了班级具体事务后，实施学习方法指导一，然后在班会课中实施学习方法指导二、学习方法指导三，这样效果也很好。

同时我还建议，任课老师也应该参加类似的学习方法指导课。任课老师应和班主任一起共同思考，如何通过班会课切实抓好学生的文化学习，促进学生的健康成长。

◎点评：丁如许

【思考题】

1. 我在很多地方讲课与班主任交流时，发现班主任一般没有准备"政策夹"，我都鼓励班主任要做好准备。我认为加强政策学习有利于把握方向，明确工作的重点，你是否赞同我的观点？是否开始了这样的准备？

2. 你在班级工作中是否形成了班会课的"基本题"？如果没有，是否可以根据自己所教的年级特点，整理出你的"某班第一学期班会课基本题""某班第二学期班会课基本题"。

第三章

多方谋划
巧构思

在确定了班会课的选题后，我们需要积极谋划如何来上班会课。实践中，我们可以这样来谋划。

一、凤头、猪肚、豹尾

上班会课，一定要调动学生参与的积极性。"凤头、猪肚、豹尾"是人们对写文章的生动形象的比喻，用在班会课的构思上也恰到好处。

凤头，指文章有一个引人入胜、别具一格的开头，像凤凰的头一样美丽而精彩。班会课的开头也要精彩，一下子吸引学生，抓住学生的心。

"同学们，大家好！最近有一段视频很火，我们一起来看看《徒手攀岩》。"班主任说完播放视频《徒手攀岩》。

"万丈绝壁，一个小红点在奋力攀登。请注意，没有安全绳，这是徒手攀登！他是谁？他为什么要徒手攀登？他能成功吗？"伴随着班主任生动的讲述和问题的提出，学生立刻被吸引住了。

这个开头很精彩，简洁明快。这些年来，利用视频做开场，成为许多班主任的首选。因为视频导入可以创设特定的形、声、色情景，借助这些情景的直观性、形象性，对学生的感官产生强烈的刺激，使他们迅速进入情景，使话题自然过渡到班会课的主题。

故事导入、歌曲导入、漫画导入、游戏导入、问题导入、案例导入、悬念导入、新闻导入、实验导入、诗歌导入、任务导入等不同的导入法也十分具有吸引力，班主任可以根据不同的主题选择恰当的导入法。

班会课的导入没有固定的模式，理想的境界应该是让学生"意想不到"。班主任（或班委会）应通过巧妙的构思，使班会课一开始就吸引住学生，激发起学生参与的积极性。

猪肚，指文章的主体部分，内容丰富翔实、具体生动。班会课也应该有翔实的内容，一般来说，由浅入深、由表及里，由是什么到为什么、怎么办，逐步推进，不断深入。

比如，有老师设计预备年级庆祝国庆的班会课《美在我们的身边》。老师先出示一座著名雕塑的照片，询问学生是否知道这座雕塑的名字，然后揭晓答案：原来是著名雕塑家罗丹的雕塑《思想者》。接着，引出罗丹的名言："生活中不是没有美，而是缺少发现美的眼睛。"这样的开场饶有趣味，吸引了学生。然后老师说："前不久，我们开展了'发现生活中的美'的活动。现在我们来说说大家的发现，说说我们校园的美。"在多名学生发言后，老师及时肯定学生有善于发现美的眼睛，发现了这么多校园的环境美。接着老师由景物美过渡到人物美，告诉学生，其实校园里最美的风景应该是人，并请学生来说一说身边同学的行为美。在多名学生发言后，老师指出不仅学生做得好，许多学生还发现老师也做得特别棒，然后请学生说说老师的行为美。在大家分享了他们观察到的老师的行为美后，老师又引导大家来交流分享感悟到的师生的心灵美。这样"争说找寻到的校园环境美""分享观察到的师生行为美""交流感悟到的师生心灵美"构成了班会课的主体，从而使班会课具有丰富翔实的内容。而在赞颂"师生心灵美"的环节，既引导学生关注语文、数学、英语等学科的老师，又引导学生关注音乐、体育、美术等学科的老师。

以上举例是以观察为主的体验汇报式班会课，在以问题讨论为主的班会课中，我们更需要逐层深入，稳步推进。如以诚信为话题的班会课，我们可先提问"马上要期中考试了，想不想拿高分"，随即进行"大家如何复习迎考"的交流，接着观看视频。视频中有两名男生不好好复习，考试开始了，同学们都在专心答题，那两名男生却左顾右盼，趁老师不注意，偷偷拿出了"小抄"。老师提问："视频中那两名男生做了什么？"大家回答："他俩在作弊。"这样的步骤可概括为"导入话题（是什么）"。随后老师提问："大家都知道作弊是不对的，他为什么明知故犯？他到底哪里出问题了？"分析为什么会作弊。通过讨论，大家归结出懒惰、侥幸心理、虚荣心作怪等因素。这样的步骤可概括为"分析原因（为什么'会'）"。接着老师再提问："大家知道考试作弊的后果是什么吗？"在学生交流后，老师指出："从个人层面讲，作弊者失去了诚信，同时也会失去良好的人际关系。从学校层面讲，学校对于考试作弊的处罚十分严格，考试作弊行为一经发现，当天校园里各个醒目的位置都会张贴处分通知单，考试成绩作零分处理，同时在个人档案中记录处分。从国家层面讲，如果在法律规定的国家考试中作弊，就触犯了法律。《中华人民共和国刑法》将作弊以及帮助作弊行为纳入刑法范畴。"这样的步骤可概括为"点明后果（为什么'不能'）"。老师以多道情景题的形式引导大家思考该怎么办，这样的步骤可概括为"有效应对（怎么办）"。然后老师讲述故事，进一步强调我们该怎么做，这样的步骤也可概括为"有效应对（怎么办）"。最后老师深情寄语，要求学生们认真学习，诚信考试，这样的步骤也属于"有效应对（怎么办）"。

这里我们需指出，"分析原因"时，"为什么会（作弊）"到"为什么不能（作弊）"，虽然阐述的都是"为什么"，但"不能作弊"比"会作弊"更进一层，从动机分析到后果分析，晓以利害。同样在"有效应对"时，由多道情景题的思辨，强调行动上的该怎么办，到讲述故事，启迪心灵深处的该怎样办，最后提出要求，强调要落实到行动上。由方法到认识再到行动，要求不断深入。

作为"猪肚"，在具体谋划时，我们建议尽量做到思考周密，表达生动，在第二章我们链接了李琴老师的《学会微笑》，做了这样的设计：先是做表情操，根据课堂气氛，将其命名为"快乐微笑表情操"，快速导入"微笑"话题。然后观看视频《微笑的力量》，并联系生活，让学生感受微笑的力量，"体会微笑的力量"。随后组织学生"对着镜子学微笑"，又讲述蔡磊、叶檀微笑面对逆境的故事来感召孩子们，特意设置不同的场景引导孩子们思考，"设置场景练微笑"。在这样的基础上，"赠送微笑大礼包"，用名人名言、生活格言来鼓励孩子们，随即再鼓励孩子们用实际行动"争当微笑小天使"。最后老师让孩子们将笑脸照片贴在教室后面的微笑墙上，勉励孩子们在生活中学习微笑，在生活中学会微笑，"美丽微笑伴成长"。这样的设计由体态到心态，由外到内，由浅入深，由此及彼，逐步推进，深刻地演绎了主题。每个环节的标题生动活泼，句式工整，朗朗上口。

豹尾，原指文章的结束像豹尾一样有力。班会课的结束也应该简短有力。班会课的结束常以班主任的讲话来结束，我们将这样的讲话称为结束语。结束语是在班会课最后带有总结性的道白，它是对班会课进行总结和评价的部分，是对班会课内容的提炼，也常常是班会课主题的升华。因此，结束语应力求做到准确精练，鼓舞人心。

在前面提到的《美在我们的身边》一课中，班主任是这样设计结束语的："今天我们交流、发现、感悟了生活的美，你们真棒！你们都有一双发现美的眼睛！我们身边之所以有这么多的美，是因为我们处在一个美好的时代，我们的祖国欣欣向荣，为大家提供最好的学习生活环境。美好的生活是改革开放的成果，是中华人民共和国建设者辛勤劳动的成果，我们要好好学习，为国家强大和发展做出贡献！老师希望，在以后的生活中你们要让自己的行为举止成为别人眼中的美！让我们一起努力，成就美好的初中生活！"

"凤头、猪肚、豹尾"体现了班会课结构的基本特点。如果我们再努力赋予新意，新的开头，新的主体内容，新的结尾，那课一定会更精彩。这一话题我们将在第八章中交流。

二、一个也不能少

要上好班会课，学生的参与度很重要。有一次，我到一个班级去听班会课，发现许多学生都积极投入，但坐在我身边的学生无动于衷。我问他为什么，他委屈地说，今天的课没有他的"份"，与他无关。原来班主任在设计班会课的有关活动时没有考虑他的角色，课上交流时，也没有邀请他发言，他被"遗忘"了。他的话引起了我的思考。我们在设计班会课时，一定要让每个学生积极地参与，让每个学生在课的过程中学习、成长。

（一）设计让每个学生都能参与的活动

设计班会课时，我们首先应多设计全班每个学生都能参与的活动。比如"我最喜欢的一句格言"交流会、"我的理想"一分钟演讲比赛、"十秒拍手"拍手游戏。这些活动，每个学生都能参与，置身于这些活动中，每个学生思、听、说、学、做，都不是"局外人"，他们亲身的经历使他们有所体验。而且成人看似比较简单的活动，学生准备起来是不太容易的，比如"我最喜欢的一句格言"交流会，学生要有个学习的过程。在准备发言的过程中，班主任加以指导，学生会有许多收获。

在上班会课时，我们还应设计较多的互动环节，给学生畅所欲言的机会。特别是主题教育类的班会课，班主任要避免"一言堂""包到底"，要通过师生互动的环节，推进课堂教育深入。比如我和工作室老师曾设计过《面对灾难》一课，有4个互动环节：让学生回忆汶川大地震发生时最感动自己的故事，让学生交流援助地震灾区时自己的行动与感受，让学生交流全国人民支援地震灾区抗震救灾的感悟，让学生交流自己所了解的抗震救灾常识。这样的环节，人人可参与，个个争发言，始终紧扣着每个学生的心弦。

有时由于时间关系，交流发言环节不能做到全班学生都"亮相"。这时，有的班主任便挑些"好"学生发言。我认为，我们对所有学生要一视同仁，不要厚此薄彼，不要让有些学生感觉"老轮不到自己"，心里产生失落感。因此，我建议全班交流时班主任可采取小组推荐、临时抽签、小组内轮流等方法，有时要有意给"过去不怎么发言"的学生亮相的机会。

（二）让每个学生轮流主持班会课

我认为班会课不仅要设计成全班每个学生都能参与的活动，而且要让每个学生都有主持班会课的机会。

主持人是主题活动式班会课的重要人物。许多班主任都喜欢让表现"好"的学生担任。对此，我主张应该给每个学生机会，让每个学生都有担任主持人的经历，都在主持主题活动式的班会课上增加体验，获得体验，得到锻炼和成长。

对于这样的做法，有班主任担心班会课会不会被搞砸。我的经验是要"知人善任"，即让能力强的学生主持难度大的主题班会，如与兄弟班联欢、邀请先进人物作报告等主题活动；让能力弱的学生主持难度小的主题班会，如学习经验交流、学习方法指导等主题活动。我曾一学期在所带班开展 10 次主题活动式班会课，这样整个学段就召开了 60 次主题活动式班会课，全班每个学生都有主持活动的机会，都有主持活动的经历，他们非常兴奋。当然他们也会遇到困难，遇到困难时，我和他们倾心交流，并尽心指导。这样既体现了教育的公平，给每个学生机会，让每个学生在班会课中成长，又体现了因材施教的教育原则，让有才干的学生得到更多的锻炼。

（三）调动每个学生的积极性

但是话说回来，并不是每个主题活动都能做到人人参与的。比如，学生很喜欢的辩论赛。辩论赛通常分成两个队，每队 3 个辩手，而一节课要将话题辩出高低需要时间，根据我们的经验，往往只能进行 3 轮辩论。这样能直接参与活动的只能是部分学生，其他学生则成为"听众""看客"，他们的积极性会大受影响。

为此我们一定要尽可能调动全体学生参与活动的积极性。我的做法是，把班级分成若干小组；每个学生都要为其所在的小组搜集"弹药"，成员"捆绑"考核，共担责任，分享成功。在辩论时如果台下的学生发现台上的队友发言不够好，可以随时举手"助辩"，当然他的发言是有时间限制的，这种正规比赛没有的设计，增加了学生的参与度，调动了学生参与主题活动式班会课的积极性。

（四）积极关心不感兴趣的学生

"十个指头，长短不一。"在集体中也会有学生不想参加主题活动，不会开展主题活动。对此，班主任应分析、了解他们的内心想法。对"不想参加"的学生，要鼓励他们积极参加主题活动，让他们在主题活动式班会课中有所体验，感受活动的魅力；对"不会开展"的学生要帮他们一把，让他们懂得主题活动式班会课的基本方法，提高本领，增长才干。

为了让全班学生积极参与，班主任一定要多动脑筋。设计班会课时要有"一个也不能少"的策略，多设计"大家来做、来说、来思考"的环节。

要调动学生积极参与，班主任自身的积极参与很重要。班主任要以热情的话语激发学生参与的热情，要以亲切的目光关注学生，要以强烈的情感带动学生投入其中。

三、串珠成链

实践中，我们发现，一节精彩的班会课能拨动学生的心弦，能给他们不少启发。如果我们努力打造一节节精彩的班会课，把精彩的班会课

"串珠成链"，就加强了教育的计划性和连续性，润物无声，久久为功。我们不仅要研究一节班会课的课堂结构，还要研究多节班会课之间的结构，形成系列班会课。系列班会课的结构一般可分为三种形式：

1. 纵式结构

系列班会课环环相连，前一节班会课是后一节班会课的起点和基础，后一节班会课是前一节班会课的继续和深化。比如，浙江金华第三中学的马绍昌老师为了使"心灵之声"残疾人艺术团的表演对学生的心灵触动转化为实际行动，设计了"我想我能行"主题演讲比赛、"超越自我，永不自卑"主题班会、"健康心理，美丽人生"社会调查、"我为残疾朋友做什么"献爱心活动等系列班会课，将学生内心深处的触动真正转化为学习的动力和战胜困难的勇气，学生们的认知、情感都将得到提高。

2. 横式结构

围绕主题，从不同侧面加以反映。比如，海南省海南中学的陈玲、邓婷婷老师曾在七年级上学期以"我爱我家"为主题，设计开展了"感受新校园"（参观校园，了解校史）、"友情大舞台"（师生联欢）、"我和我的朋友"（增进友谊）、"趣味竞赛"（感受集体生活的乐趣）系列班会课，紧扣"我爱我家"这一主题，分别从爱校、爱师、爱友、爱班等不同的角度进行爱的体验与感悟，用爱增强班级的凝聚力、向心力，用爱激发学生的积极性和主人翁意识，取得了很好的教育效果。

3. 纵横交错结构

许多班会课表现为纵横交错结构。我曾指导学生开展以"高擎理想的火炬"为主题的系列班会课，具体为：①在新的起跑线上（交流新学期计划）；②高中生活应当这样起航（专题讲座）；③百行百业状元郎（新闻人物特写报告交流汇报）；④"人才成长百例"的思考（实话实说交流）；⑤怎样使你更聪明（学习方法指导）；⑥我们握有金钥匙

（学习经验交流）；⑦自信与成功（心理辅导）；⑧向着更高、更快、更强前进（班级微型室内运动会）；⑨共同扬起理想的风帆（联谊）；⑩迈向新的高度（十佳评选表彰）。其中，在新的起跑线上（交流新学期计划）、高中生活应当这样起航（专题讲座）、百行百业状元郎（新闻人物特写报告）、"人才成长百例"的思考（实话实说）是先后相连（纵向联系）；怎样使你更聪明（学习方法指导），我们握有金钥匙（学习经验交流），自信与成功（心理辅导），向着更高、更快、更强前进（班级微型室内运动会），则是从学习、心理、体育等不同侧面紧扣活动主题（横向联系）；而共同扬起理想的风帆（联谊）、迈向新的高度（十佳评选表彰）是先后相连（纵向联系）。这样纵横交错，不断深入推进。

在实践中，许多学校进行了积极的探索。上海市奉贤区古华中学形成了班会课校本课程（见链接10），从学校的角度做了全面规划，形成由低到高、由浅入深、螺旋式发展的班会课规划系列，将"串珠成链"落到了实处，值得研究和借鉴。

总之，班会课的结构涉及教师、学生、方法、环境等多种因素，班主任只有综合考察，全面分析，根据实际情况选择或设计出合理的班会课结构，才能取得更好的教育效果。

链接8

小事可以自己当裁判

上海师范大学第一附属小学　李阳林

【设计背景】

《中小学德育工作指南》指出，要制定班级民主管理制度，形成学生自我教育、民主管理的班级管理模式。教育部发布的《关于进一步加强中小学德育工作的意见》中也要求，培养学生的诚信、友善、尊重、合作等品质，引导学生树立正确的价值观。由此可见，重视学生的自我教育、民主管理能力及友善、尊重、合作等品质，对于培养独立、有责任感和良好道德素养的下一代至关重要。当学生之间发生矛盾时，在解决问题的过程中，他们不仅要自省，要学会关心他人、尊重他人的意见和感受，而且要学会与他人合作。

小学生之间经常发生小冲突和告状行为，特别是低年级学生，他们年龄小、情绪控制能力较弱，容易因为一些小事发生冲突。告状行为不仅增加了老师的工作量，也不利于学生的身心健康成长。学生倾向于向老师求助解决问题，而不是依靠自己的智慧和能力去解决矛盾。作为班主任，我常被学生数次的告状行为所困扰。孩子们活泼好动、高度敏感，不是今天告状"谁拿了谁的橡皮"，就是明天告状"谁说了谁的坏话""谁又撞了谁"，没完没了，许多鸡毛蒜皮的小事都要找老师。我深深地感到，学生屡见不鲜的告状现象应予以高度重视。如果处理不好，不但会增加工作量，更无益于学生身心的健康成长。

俗话说："授人以鱼，不如授人以渔。"对于小学二年级的学生，自主解决问题的能力还比较薄弱，班主任应该引导他们正确处理同学矛盾，特别是小矛盾，自己想办法调节情绪，协商解决方案。因此，我设计、实施了有关"告状"的班会，让学生知晓并体验小事可以自己来裁判，学会自主解决问题。

【教育目标】

1. 认知目标：认识故事中小动物爱为小事告状的行为，能懂得日常学校生活中为小事告状的坏处和自己解决小事的好处。

2. 情感目标：能反思自身言行，体会他人情绪，学会换位思考，增进同学间的友谊。

3. 行为目标：能自主学习解决矛盾的方法，在实践中提高语言表达能力、人际交往能力和问题解决能力。

【课前准备】

1. 准备"我是小小调解员"卡片。

2. 打印"友谊树",准备空白标签贴。

3. 制作 PPT 课件。

【课的过程】

一、听故事,分析矛盾原因

师:在一片大森林里,住着许多可爱的小动物。森林里有一所美丽的森林学校,今天森林学校里发生了什么事?让我们一起去看看吧,请听小故事《爱告状的皮皮猴》。

皮皮猴成绩很好,每次考试都是全班前几名,可是同学们不喜欢他。因为皮皮猴平时特别爱管闲事,什么事都喜欢向老师告状。

这天课间休息时,嘟嘟猪的肚子饿了,吃了好多零食,把垃圾扔得到处都是。皮皮猴看见了,大声地嘲笑嘟嘟猪:"邋遢猪,你制造了这么多垃圾,难道是要造一个垃圾房住进去吗?哈哈哈……"

嘟嘟猪一听,火冒三丈:"你怎么能这样?怎么能说我是邋遢猪呢!"

皮皮猴说:"说的就是你,邋遢猪,喜欢垃圾堆的邋遢猪!"

嘟嘟猪说:"我看你才是烦人猴!一只多管闲事的烦人猴!"

这时,上课铃响了,绵羊老师走进教室,正准备给小动物们上课。皮皮猴火急火燎地冲到绵羊老师面前,大声说:"老师,你快看地上的垃圾,那些全是嘟嘟猪丢的垃圾!他刚才还给我起绰号,叫我'烦人猴'!"嘟嘟猪一听也不乐意了,他站起来说:"明明是他先说我坏话,是他先叫我'邋遢猪'的!"绵羊老师示意他们先坐下,告诉他们要上课了。可皮皮猴仍然一脸不情愿,委屈地说:"这不公平,嘟嘟猪把教室的地弄得这么脏,老师为什么不罚他!"就这样,上课时间已经不知不觉地过去了 3 分钟……

师：听完这个故事，请同学们想一想，这个故事中，嘟嘟猪有错吗？为什么？

（预设：学生回答"有错"，原因多种多样。如：嘟嘟猪乱扔垃圾，把教室弄得很脏；虽然皮皮猴先给嘟嘟猪起绰号是不对的，但嘟嘟猪也不应该给皮皮猴起难听的绰号；等等。）

师：故事中的皮皮猴有错吗？为什么？

（预设：学生回答"有错"，原因多种多样。如：皮皮猴嘲笑嘟嘟猪，还给嘟嘟猪起绰号；皮皮猴不应在上课时告状，影响同学们学习；等等。）

师：既然都有错，光指责对方的错误，不反思自己的错误，行不行？

（预设：学生回答"不行"。）

师：在这个事件中，如果站在对方的角度，我们就能清楚地看到对方的委屈、对方的难处。这有利于我们平复情绪，理智地解决双方之间的矛盾。那么，聪明的你，想怎样解决他们之间的矛盾？

（预设：学生积极回答，答案多种多样。如：互相承认错误；握手言和；和对方协商解决的办法；等等。）

师：看来，同学们都能明辨是非。今天，老师就给同学们一个做"小小调解员"的机会，看看谁的办法好，谁的点子妙！

（**设计意图**：通过讲述小故事《爱告状的皮皮猴》，引导学生思考和讨论故事中嘟嘟猪和皮皮猴的错误，意识到指责对方的错误并不能解决问题。通过换位思考，学生能够理解对方的委屈和难处，从而平复情绪，理智地解决矛盾。）

二、做调解，学会换位思考

师：刚才同学们说得都很棒，实际上，我们可以分别从语言和行动两个方面想想具体的办法。请同学们拿出"我是小小调解员"卡片。卡片上有两个栏目，分别是"我想对你说"和"我会这样做"。

请四个小组分别完成以下任务：第一组想一想"我想对你说"这个栏目，如果你是皮皮猴，你会和嘟嘟猪说什么；第二组想一想"我想对你说"这个栏目，如果你是嘟嘟猪，你会和皮皮猴说什么；第三组想一想"我会这样做"这个栏目，如果你是皮皮猴，你会怎么做；第四组想一想"我会这样做"这个栏目，如果你是嘟嘟猪，你会怎么做。想说的话和想做的事要具体一些，把你的想法写在卡片上。（学生写想法）

师：如果你是皮皮猴，你会对嘟嘟猪说什么？

（预设：学生认为皮皮猴应该委婉地指出嘟嘟猪的错误，告诉他乱扔垃圾是不对的，教室是大家共同的家，提醒他把周围的垃圾收拾干净。）

师：如果你是皮皮猴，你会怎么做？

（预设：学生认为皮皮猴应该帮助嘟嘟猪一起收拾垃圾，人多力量大，一起收拾动作更快，用时更短。）

师：如果你是嘟嘟猪，你会对皮皮猴说什么？

（预设：学生认为当嘟嘟猪听到皮皮猴指出他乱扔垃圾的错误后，他应该承认自己的错误，并保证下次不犯同样的错误。）

师：如果你是嘟嘟猪，你会怎么做？

（预设：学生认为嘟嘟猪应该尽快把周围的垃圾收拾干净，不要影响同学走路，不要影响后面上课。）

师：说得真好！刚才我们让"原告"与"被告"有了充分的对话，让他们在对话中明白别人的想法，了解自己的不足。今天你们都是出色的调解员，能通过自己的智慧化解同伴间的矛盾！

（**设计意图**：教师给学生提供实践机会，让学生扮演"小小调解员"，从不同的角度思考如何解决嘟嘟猪和皮皮猴之间的矛盾。在讨论中，引导学生意识到指责对方的错误并不能解决问题，而是要通过换位思考和理解对方来平复情绪，寻求共同的解决方案。）

三、学协商，自主解决矛盾

师：如果下次你和同学间发生小矛盾，是不是一定要向老师告状，让老师解决？

（预设：学生回答"不是"。）

师：如果同学间有小矛盾，要向老师告状，会有什么坏处？可以从不同的角度说一说，对自己、对同学、对集体、对老师来说，小事告状会有什么坏处。

（预设：学生积极回答，答案多种多样。如：不利于同学间的友谊，会失去朋友，甚至没有人愿意和这样的人做朋友；不利于班级团结；增加老师的工作负担，影响老师的日常教学；等等。）

师：通过对这个事件的分析和调解，同学们已经领悟到了很多。如果下次你和同学产生矛盾，你可以怎么做？

（预设：学生积极回答，答案多种多样。如：要冷静下来，换位思考，理解对方的苦恼；要大方、清楚地表达感受；该道歉的道歉，要与对方共同协商解决方案，握手言和；等等。）

师：你们都说得很对！你们用的这些办法都没有依靠老师，都是用自己的智慧来解决问题的。自己解决问题有什么好处？可以从不同的角度说一说，对自己、对同学、对集体、对老师来说，自己解决问题有什么好处。

（预设：学生积极回答，答案多种多样。如：能提高自己的本领，提高自己的表达能力、解决问题的能力；能增进友谊，让原本就是朋友的人关系更好，让不是朋友的人成为朋友；能减轻老师的负担；能让班级的氛围更融洽；等等。）

师：通过刚才的讨论，同学们收获了很多。自主解决问题，把大事化小，小事化了，这样你的性格就会越来越好，朋友也会越来越多！在班级的日常生活中，大部分的小矛盾、小困难，都可以通过自己解决或者协商解决。（出示课题：小事可以自己当裁判）当然少数解决不了的问题，比如一些伤害事故、一些威胁到健康和安全的大问题，还是需要及时向老师寻求帮助的。

（**设计意图**：引导学生思考和讨论小事告状的坏处，让他们意识到自主解决问题的重要性。让学生总结自己解决问题的好处，强调自主解决问题的重要性，提醒他们在少数解决不了的问题上及时向老师寻求帮助。）

四、提要求，明确做事之道

师：如果有人经常和同学闹矛盾，你觉得他可能是个怎样的人？

（预设：学生回答"小气、不遵守规则、爱嘲笑他人、脾气大"等等。）

师：为了减少自己和他人的矛盾，老师希望每个同学都能友好地和同学交往，懂得做事之道，做一个受同学欢迎的人！那么，你应该怎样对待同学呢？请同学们拿出空白的标签贴，写下你认为正确对待同学的方式，然后装饰在你们的"友谊树"上！

（学生活动，每4个人贴一棵友谊树。）

师：现在我们来做交流。

（学生交流，如能够认真倾听同学的烦恼、同学犯错不嘲笑、不在背后说同学坏话、在同学有困难时帮助他等等。）

师：同学们，如果你们能明理知行，宽容大方，团结友爱，和同学的矛盾一定会越来越少。老师真诚地希望，同学之间能够互让互爱，自己做错事能主动承认错误，别人做错事也要宽容。愿你们每一天都能与自己的伙伴快乐同行，携手进步！

（**设计意图**：让学生思考经常与他人闹矛盾的人的特点，引导他们认识到与同学友好相处的重要性。通过让学生交流正确对待同学的方式，并将正确对待同学的方式装饰在友谊树上，引导学生懂得做事之道。其间班主任明确提出要求，为学生指明方向。）

专家点评

日常的征稿活动中，我收到最多的稿件，是解决学生之间纠纷的稿件。这说明人际关系成为小学班级管理的重要话题和难题。李老师的教案让我眼前一亮，李老师处理问题的着眼点和着力点，值得分享。她不是简单地埋怨学生什么事都汇报，不是笼统地要求学生和谐相处，而是指导学生"小事可以自己当裁判"，形成了以下特点：

1. 思考深刻，着眼长远

小学班主任是很辛苦的。学生在日常生活中遇到矛盾，遇到纷争，常常找班主任告状，请班主任"主持公道"。面对学生不断的纷争，面对同学经常的告状，面对这样的难题，李老师敏锐地认识到，班主任采用无视或批评的方式处理学生的告状问题是行不通的，班主任必须着眼学生发展，着眼长远，旗帜鲜明地提出"小事可以自己当裁判"，并对学生进行认真的指导。

2. 方法明确，着力实操

"小事可以自己当裁判"，提要求容易，但能否做到，需要老师进行有效的指导。李老师在课上采取了"听故事，分析矛盾原因；做调解，学会换位思考；学协商，自主解决矛盾；提要求，明确做事之道"的有效做法。

其中"做调解，学会换位思考""学协商，自主解决矛盾"是重点。李老师通过分组，要求学生分别以"嘟嘟猪""皮皮猴"的身份从语言、行动两方面思考"我想对你说"和"我会这样做"。这样的讨论，引导学生学习换位思考，引导学生思考"小矛盾也要向老师告状，会有什么坏处"，引导学生学习"用自己的智慧来解决问题"，感悟"自己解决问题有什么好处"。

当然需要说明的是，"小事"可以自己当裁判，并不意味着老师放任不管，有些"小事"还可以找老师，因为二年级小学生，有时独立处理问题有难度，个别学生还可能不讲道理，因此老师还是靠山，还是法官，还是主心骨。特别要提的是，大事、要事，必须找老师。师生共同努力，才能一起管好"家"。

◎点评：丁如许

🔗 **链接9** --

让我们扬帆起航

上海市奉贤区古华中学　杨蓓蕾

【设计背景】

新学期要开学了，刚上初中的孩子们将开始他们新的征程。在新的学段，每个同学对新班级、新老师、新同学都会有好奇、疑问和期待。

新学校的陌生环境会给他们带来种种不安。许多学生会感受到初中学习的紧张和快节奏，会对初中生活表现出不适应，但每一个学生都不愿意在新学期开始时就掉队。他们彼此不熟悉，不了解，有点紧张，有点担心。当然，也有些同学有一些不好的习惯，需要改正。

新集体需要每个同学的努力，让同学们增进了解是非常重要的。让同学们表达自己的愿望，进而形成建设优秀班集体的共同愿望更为重要，所以需要召开主题班会，让每个同学介绍自己，介绍自己的特长，表达自己的愿望，表明自己新学期有什么新打算与新目标。学生的自我介绍是一次彰显自我实力的展示机会，也是一种提高自我表达能力的锻炼机会。这种表达能力的提高，不仅在入学阶段有用，在之后的学习和生活中都有益处。

班委会（临时班委会）要与同学们交流，告诉同学们班委会有怎样的打算，大家应该如何努力。在这样的基础上，班主任再予以指导，指导同学们如何迅速融入新集体，如何积极参与班集体建设，鼓励同学们迅速融入新的集体，开始新的征程。

【教育目标】

1.通过介绍自己的特长和对班集体的愿望，让同学们彼此增进了解，进而增强个体发展，形成共同建设优秀班集体的愿望。

2.通过班长介绍班委会讨论的奋斗目标及有关举措，动员全班同学迅速融入新集体，积极参与班级管理，共同为班级奋斗目标的实现而开展行动。

【课前准备】

1.召开临时班委会，讨论新学期班级的发展目标及相关举措。

2.班长准备汇报"新学期我们的打算"，班主任要加强指导，形成文字稿和PPT。

3.每个同学准备自我介绍，介绍自己的特长及对集体的期待、向往。如是小组集体展示，也要做好充分的准备。

【课的过程】

一、导入：新的征程开始了

师：度过了愉快的暑假，我们满怀着新希望走进了新学校，迎来了新学期。今天是新学期开学的第二周，怀着对未来的憧憬、对新学期的向往，我们开始了新的征程。

小学进入初中，这是一个重要的台阶。新学校敞开怀抱欢迎我们。新学期，每个同学进入新集体，对新班级、新老师、新同学都会有新的期待。来到新的学校，陌生的环境常常给我们带来一些不安。说实话，我们彼此还不熟悉，需要尽快消除陌生感。

新学期，你们有什么新的打算、新的目标？如何迅速融入新集体，参与班集体建设？今天我们相聚在一起，召开主题班会《让我们扬帆起航》吧！

（**设计意图**：用热情的话语拉开班会课的序幕。）

二、全班交流：我的特长和期望

师：今天我们的第一个活动是同学们的自我介绍，快速地让其他同学了解自己。每个同学先介绍自己的姓名，然后讲一讲自己有什么特长，以及对班级的期望（出示课件）。

具体要求：每人发言时间一分钟。不能超过一分钟。如果说完了，没有到一分钟，可以结束发言。注意不能超时。

发言顺序：按照小组座位顺序依次发言，同时下一名同学在旁边等待。

（每个学生逐一介绍。若班级学生人数多，可以以小组为单位集体展示，但课前要做好准备。）

（**设计意图**：通过自我介绍增进同学间的了解，表达对班级的期望。）

三、班长汇报：新学期我们的打算

师：同学们的发言都很精彩，看来大家做了精心的准备。也许有些同学是第一次当众发言，有些同学对自己的发言可能还不够满意，没有关系，至少我们迈出了重要的一步。我们对彼此有了初步的了解。特别是听到同学们对班集体的期待，老师心里暖暖的。

前几天我召开了临时班委会。班委会上，班委对班级工作做了认真的讨论，提出了班级的奋斗目标，以及为实现奋斗目标我们班级的打算。现在请班长代表班委会发言。

班长：我们班委会进行了认真的讨论，在班主任的指导下，明确了本学期我班的奋斗目标是争创文明班级。文明班级要求各方面都走在先，走在前。

争创文明班级，不仅是班干部的事，更是全班同学的事。我们必须一起努力。我们打算做好以下工作：

1. 人人有岗位

班长：在我们班，人人都是班级的主人，人人要为班级建设出力。我们组建了班委会。班委会负责班级的日常管理。班委会成员将努力做好本职工作，并积极带头开展好班级活动。

我们各组有组长，各学科有课代表，我们还将根据班级工作需要，设立特色岗位，如护绿使者、图书管理员等。

班级的人，人人有事做；班级的事，事事有人做。你们说好不好？

（预设：学生回答"好"。）

2. 个个要尽责

班长：我们不仅要人人有岗位，更要做到个个尽责任。为此我们制定了每个岗位的工作职责。比如我担任班长，班长的职责是（出示课件）：

（1）协助班主任工作，带领班委开展工作。

（2）全面负责班委会工作。制订班委会工作计划。定期主持召开班委会，讨论、布置班级阶段性工作。

（3）参加学校、年级工作例会，落实各项任务。

（4）检查、督促班委认真开展工作，着重联系纪律委员、学习委员、宣传委员、体育委员。

（5）及时向班主任汇报工作情况。

班长：班委会每个成员都有具体的职责（快速出示课件）：

副班长：

（1）协助班长开展班级工作。着重联系文艺委员、劳动委员、生活委员。

（2）负责记录班级荣誉簿。

学习委员：

（1）检查、协助课代表工作。做好作业收交情况的汇总登记。

（2）听取同学们对教学工作的意见、建议，及时向班主任和任课老师反映。

（3）组织开展学习经验交流会。

（4）负责社团活动。

（5）组织开展同学之间的帮学活动。

宣传委员：

（1）负责教室的环境布置。

（2）负责出好班级黑板报。

（3）在全校大型活动中，负责班级宣传报道工作。

劳动委员：

（1）安排每天的值日工作，对值日生的工作进行检查，做好记录。

（2）负责班级包干区的劳动安排。

生活委员：

（1）管理班费，做好记录工作。每学期向全班同学公布一次班费收支情况。

（2）协助学校管理好班级财产，发现公物受损，及时报告。

（3）做好报刊信件的收发工作。

文艺委员：

（1）组织开展班级日常文娱活动。

（2）每逢节日，负责班级文娱节目的排练、演出。

体育委员：

（1）协助体育老师上好体育课。

（2）两操前负责组织、整理班级队伍，并带队入场，维持班级秩序。

（3）组织同学积极参加两操和体育活动。

（4）动员、组织同学积极参加学校运动会。

纪律委员：

（1）检查和督促值日班干部的工作。

（2）检查同学穿校服、戴校徽等仪容仪表。

（3）负责学校文明班级考评反馈。

（4）负责自修课纪律。

（5）督促班干部遵守纪律。

班长：我向同学承诺，职责内的事一定努力做好。请同学监督、提醒、帮助我。班委会的工作职责将贴在教室后面的班级事务栏里，请大家提醒我们、督促我们、帮助我们做好。

为了让每个班委更好地履行职责，班级还会加强考核，建立必要的奖惩制度。请大家监督，好不好？

（预设：学生回答"好"。）

3. 一起学自主

班长：到了初中，我们长大了。我们要学会自主管理。自主要有小主人的意识，自主首先从自律做起。为此每周班会课或周五放学前进行总结，总结一周以来的纪律、卫生、学习、安全等情况。在自我评价、互相评价和全员监督的基础上，不断向前进。

以上是我们班委会讨论的意见。意见还不够成熟，我们希望课后听取同学们的意见。我们将不断改进，相信我们共同努力，一定能实现我们的共同目标！

（**设计意图**：班长介绍具体的班级工作举措，是工作安排，也是工作动员。让全班同学一起行动，开启新学期之路。）

四、布置作业：我的新学期打算

师：最后布置作业，就今天的班会写一篇随笔，题目自拟，字数

200字左右，下周一交。

（**设计意图**：用随笔的方式表达在新学期定下的目标，以书面形式做出郑重的承诺。）

五、总结：让我们扬帆起航

师：听了班长的介绍，大家都很高兴。联系先前同学们的发言，我感受到，我们班将是一个非常棒的集体。

我们有缘组成了一个新集体。新的蓝图已经描绘好，新的目标正在召唤我们。"良好的开端意味着成功了一半"，在新的航程，我们都是水手，让我们扬起风帆出发！

（**设计意图**：总结全课，用热情的话语鼓励全班同学。）

专家点评

有经验的班主任都清楚，新学期刚开始的班会课对班集体建设、班主任的威信建立都有着重要的作用，必须认真设计，积极推进。

杨老师的这节课，有两个显著特点：

1. 点燃每个同学心中的激情

新班级组建后，一定要让每个同学喜欢这个班，精神饱满、心情愉悦、斗志昂扬地开始学习生活。杨老师的这节课创设了这样的场景：让全班每个同学做交流，让全班每个同学有岗位。现在的学生个性强，有表现欲，希望有展示的舞台。一分钟的自我介绍提供了这样的机会。而"一分钟的热度"是不够的，杨老师又通过班级岗位全员任职的设计，让每个同学可以经常地有服务班级、提高自己、展示才干的机会。

不过学生介绍的方法，可以更多样。一是要节省时间，二是鼓励学生创造，比如同桌介绍、4人小组介绍，甚至大组介绍。这样的准备过程也是学生加强交流、增进了解的过程，能使自我介绍更富有新意。

2. 开展规范的班级管理

班级管理是学校管理的重要组成部分，如何科学管理、有效管理，成为班主任的必修课。要提高班级管理的有效性，规范很重要。"规"是"尺规""规定"，"范"是"范具""范本"。班主任出台班级管理规定时，要特意召开班委会进行讨论，这是程序上"规范"，出台的班委会工作职责，职责明确，这是文本上"规范"，要求人人履行职责，加强自我要求、开展互相督促，这是行动上"规范"。

这两招简便易行，但又有新意，有利于调动全班同学的积极性，在建班初始，让全班同学铆足劲，扬帆起航，奋力向前。

◎点评：丁如许

链接10

上海市奉贤区古华中学班会课校本课程目录

上海市奉贤区古华中学　杨莲花

为贯彻落实习近平新时代中国特色社会主义思想，贯彻落实教育部《中小学德育工作指南》等文件精神，探索新形势下班主任队伍建设的新途径、新方法，推进班主任队伍的专业化发展，切实提高班会课教育的实效，我校主动求变，不断求新，从2016年开始，坚持探索班会课校本课程的开发与实施。

我校在班会课校本课程的开发与实施中，致力于打造班会课的优质课，积累班会课资料包，科学架构各年级班会课的序列和课目，形成由低到高、由浅入深、螺旋式上升、着眼学生全面发展的班会课校本课程，编成8本按年级分学期编写的班会课校本课程参考用书。

我校把班会课校本课程的资源包提供给全校班主任使用，同时根据学情、社会热点、时代特点不断修订完善。

我校班会课校本课程的实施，加强了德育的连续性、计划性、整体性、协同性，助力学校形成全员育人、全程育人、全方位育人的良好氛围，打造出了学校班会课的育人新高地。

附：上海市奉贤区古华中学班会课校本课程目录

表2　第一学期班会课课程一览表（20周）

周次	预备年级①	七年级	八年级	九年级
1	让我们扬帆起航（入学教育·大班会）	告别暑假，走进新学期（新学期教育·大班会）	初二，你好！（新学期活动·大班会）	学习共同体助我成长（暑期学习共同体交流活动·大班会）
2	收获习惯（习惯养成教育·微班会）	规则的力量（遵规守纪教育·微班会）	爱我班，请从小事做起（责任教育·微班会）	我的九年级宣言（学习目标交流·微班会）
3	定规矩，成方圆（班集体教育·中班会）	人际交往我学习（人际交往学习·中班会）	月到中秋分外圆（中秋诗词微会·微班会）	高手是怎样炼成的（学习毅力培养·微班会）
4	美在我们的身边（爱校爱国教育·大班会）	你好，共和国的节日（国庆活动·大班会）	小眼睛看大中国（国庆活动·大班会）	在共和国的旗帜下（奉贤英才故事讲述·微班会）
5	国庆放假	国庆放假	国庆放假	国庆放假
6	我和星星火炬的故事（少先队史学习·中班会）	我自信，我快乐（心理健康教育·中班会）	调控情绪做主人（心理健康教育·大班会）	小鸭子跳台阶（团结拼搏话题·微班会）
7	爷爷奶奶（外公外婆）·我（尊老敬老·中班会）	放飞梦想（理想教育·微班会）	也说手机利和弊（手机话题·微班会）	不要让青春从指尖划过（手机话题·微班会）

① 预备年级是指在教育体系中，介于五年级和七年级之间的年级。在中国的一些地区，如上海，预备年级被纳入初中阶段，以帮助学生提前适应初中的学习环境。

（续表）

周次	预备年级	七年级	八年级	九年级
8	学做时间小主人（学习生活指导·中班会）	追梦路上（理想教育·微班会）	改进方法，提高效率（学习方法指导·中班会）	缓解压力有妙招（心理健康教育·微班会）
9	学会考试（期中考前指导·大班会）	你我来挑战（期中考试动员·大班会）	考试不仅是考学科（考前动员·微班会）	跨越新的高度（期中考试动员·微班会）
10	期中考试	期中考试	期中考试	期中考试
11	我们的收获（期中考试总结·大班会）	整装再出发（期中考试总结·中班会）	逆风而上（期中考试总结·中班会）	不骄不馁（期中考试总结·中班会）
12	掌握学习五要素（学习方法指导·微班会）	学习一定有高招（学习经验分享·微班会）	软吸管与硬土豆（学习方法指导·微班会）	每天努力多一点（励志教育·微班会）
13	学会赞美（人际关系交往·微班会）	和抄作业说拜拜（学习生活指导·中班会）	坚持梦想（理想教育·微班会）	感恩有你（感恩教育·微班会）
14	我与阿廖沙比童年（读书活动·中班会）	十秒拍手（学习方法·微班会）	同行在花季（青春期男女生交往礼仪·微班会）	美好的青春要奋斗（励志教育·微班会）
15	让我们跑步去（冬季体锻活动点评·微班会）	铭记历史，勿忘国耻（爱国教育·微班会）	我们也追星（袁隆平故事读书交流活动·大班会）	给父母的短信（感恩教育·微班会）
16	认真复习迎考试（期末考试动员·中班会）	(1)冬日的温暖（中华传统文化传承·微班会）(2)跑出新的精彩（冬季体锻·微班会）	换个角度想一想（感恩教育·微班会）	用努力迎接新年（一模考试动员·微班会）
17	新的一年，我们再出发（迎新活动·大班会）	昂首迈进新一年（迎新活动·大班会）	满怀豪情迎新年（迎新活动·大班会）	新年的礼物（我最喜欢的一句格言·微班会）

（续表）

周次	预备年级	七年级	八年级	九年级
18	考试必须讲诚信（考场纪律教育·微班会）	点燃冬天里的一把火（期末考试动员·微班会）	尽努力，心无愧（期末考试动员·微班会）	轻松上考场（考前心理辅导·微班会）
19	期末考试	期末考试	期末考试	期末考试
20	寒假工作布置（班级例会，略）	寒假工作布置（班级例会，略）	寒假工作布置（班级例会，略）	让我们继续携手同行（寒假学习共同体说明会·班级例会）

注：

①本表原为古华中学班主任工作室第3期研修班在2020学年第一学期实施的班会课课程课目，在实践的基础上做了修订。

②本表按一学期20周进行班会课课程设计。如周次有变化，可做调整。

③古华中学班主任工作室第1期、第2期研修班为本表的形成做了许多基础工作。

表3 第二学期班会课课程一览表（20周）

周次	预备年级	七年级	八年级	九年级
1	寒假生活大交流（寒假生活交流·中班会）	新学期，新目标（新学期生活指导·中班会）	新学期，新跨越（新学期生活指导·中班会）	抖擞精神开新篇（寒假生活点评·中班会）
2	新学期，新起点（新学期生活指导·中班会）	勇战拖延症（学习习惯·中班会）	严字当头（学习习惯·中班会）	增强"注意"，助力学习（学习习惯·微班会）
3	雷锋精神永流传（学雷锋活动·中班会）	新时代的小雷锋（学雷锋活动·中班会）	学雷锋，我们在行动（学雷锋活动·中班会）	坚强哥的故事（励志教育·微班会）
4	（1）宁静"自"造（学习习惯·中班会）（2）我把绿色留给你（教室文化建设·微班会）	（1）勤出成果（学习习惯·中班会）（2）我为班级添点绿（班级文化建设·微班会）	我为校园添春色（爱校活动·微班会）	时在我心，光促我行（珍惜时间·中班会）

（续表）

周次	预备年级	七年级	八年级	九年级
5	书是我们的好朋友（读书节活动·大班会）	珍惜时光多读书（读书节活动·中班会）	悦读，遇见更美的自己（读书节活动·大班会）	用拼搏书写无悔的初三（励志教育·微班会）
6	交通安全记心上（安全教育·微班会）	奔跑少年莫追闹（安全教育·微班会）	且待花开果熟时（青春期教育·大班会）	心相通，共圆梦（师生沟通·微班会）
7	清明的故事（传统文化节日清明活动·中班会）	走进春天（班级诗词比赛·微班会）	清明的情思（传统文化节日清明活动·中班会）	不要让青春从指尖划过（手机话题·微班会）
8	寻访古华公园（古华公园寻访·大班会）	防范校园欺凌，你我有责（法治教育·中班会）	书山有路（学习方法话题·中班会）	相信自己，迎战二模（二模考前动员·微班会）
9	为学习加油（期中考试动员·大班会）	跨越新的横杆（期中考试动员·中班会）	挑战自己（期中考试动员·中班会）	二模考试
10	期中考试	期中考试	期中考试	逆风的方向更适合飞翔（二模考后总结·微班会）
11	我的学习经验（期中考试交流·中班会）	合理归因，积极应对（期中考试分析指导·中班会）	认真总结再出发（期中考试总结·中班会）	有志少年不畏苦（励志教育·微班会）
12	最美康乃馨（母亲节活动·大班会）	理解母亲，懂得感恩（母亲节活动·大班会）	爱的同心圆（母亲节活动·中班会）	母亲，感谢您的一路相伴（母亲节活动·微班会）
13	我是家长小助手（家务劳动比赛·大班会）	诚实守信伴我行（诚信话题·中班会）	学会自护，远离欺凌（预防校园欺凌·中班会）	放下包袱，轻装上阵（心理疏导·微班会）
14	集体在我心中（集体教育·中班会）	在学农中成长（学农活动·大班会）	稻田里的丰碑（缅怀袁隆平院士·大班会）	九年寒窗磨利剑，静待花开芳菲天（中考倒计时30天誓师大会·校班会）

（续表）

周次	预备年级	七年级	八年级	九年级
15	我们的节日（欢庆六一·校班会）	在团旗下成长（团队衔接教育·大班会）	扬起青春的风帆（告别童年·大班会）	青春不老，我们不散（成长之路回顾·中班会）
16	珍爱生命，拒绝毒品（禁毒教育·中班会）	呵护眼睛，"目"浴阳光（保护视力活动·微班会）	粽叶飘香（传统文化节日端午活动·中班会）	祝福梦圆（中考考前动员·中班会）
17	小小知识树（期末考试指导·中班会）	再战期末考（期末考试动员·微班会）	决战初二（期末考试动员·微班会）	让我再看你一眼（中考壮行·微班会）
18	期末考试	期末考试	期末考试	中考
19	期末考试总结（机动，暂不安排）	期末考试总结（机动，暂不安排）	期末考试总结（机动，暂不安排）	
20	缤纷暑期在召唤（暑期生活指导·大班会）	走进暑期大课堂（暑期生活指导·大班会）	精彩暑期，你我同行（暑期生活指导·大班会）	

注：

①本表原为古华中学班主任工作室第3期研修班在2020学年第二学期实施的班会课课程课目，在实践的基础上做了修订。

②本表按一学期20周进行班会课课程设计（九年级有18周）。如周次有变化，可做调整。

③古华中学班主任工作室第1期、第2期研修班为本表的形成做了许多基础工作。

【思考题】

1. 有人主张上班会课要注意"起承转合"，你赞同吗？这样的主张与"凤头、猪肚、豹尾"矛盾吗？

2. 有人认为班主任上班会课应形成班级的班本课程，我们的主张是形成以学校为主的校本课程。你认为哪种主张更符合班主任工作的实际？

第四章

综合资源

妙运用

要上好班会课，班主任要善于借力，善于利用多方资源。"众人拾柴火焰高"，班主任要善于借助他人的力量、他人的智慧，共同上好班会课。

一、用好教师资源

（一）用好本班教师资源

班主任首先要用好班级任课教师资源。任课教师是班主任重要的同盟军。现在许多学校为了加强管理，实行年级组管理制。这种低重心、扁平化的管理模式取得了相当好的效果。在实践中，有的学校在年级组下还设置了班级组。班级组的组长为班主任，班级组的组员为班级任课教师。这样从行政管理的角度为班主任加强班级教育、形成教育合力提供了有力的行政支撑。但是行政措施需要人来贯彻，来落实。在行政措施的支持下，还需要班主任以自己的真诚赢得任课教师更多的认同，以自己的辛劳得到任课教师更多的支持。办公室里的交谈、食堂吃饭时的对话、下班路上的同行，班级情况和学生的成长应是班主任和任课教师的热门话题。

"任课教师对班会课不感兴趣。"有些班主任为难地告诉我。我认为，这正提醒了我们：班会课可从任课教师感兴趣的选题入手，设计任课教师也感兴趣的活动。比如，开展学习经验交流活动时邀请任课教师做点评，开展学习方法指导活动时邀请任课教师做主讲。任课教师"指点迷津"，一定比班主任更"准确到位"，但班主任的同步协作又比任课教师"单嗓门"效果好。班会课还可以根据本班亟须加强的某一学科，邀请任课教师出题，开展相关学科的竞赛活动。我曾在七年级用一节班会课开展了三门学科的学习竞赛活动。前 10 分钟是英语单词竞赛。

我们通过活动向学生强化"熟练掌握英语单词是学好英语的基础"。接下来的 10 分钟我们开展语文课外知识竞赛，引导学生"学好语文，课内课外要结合"。最后 20 分钟，开展小组数学接力比赛，数学老师根据教学进度巧妙出题。比赛时，为了保证比赛的公正、严肃，每组还派出一名同学做裁判，"跟着试卷"走。同学们积极参加，合理利用规则"排兵布阵"，给我留下了深刻的印象。这节班会课结束前，我们相机点拨，使学生加深体验和理解"解题要做到迅速、正确、熟练、灵活"。

任课教师在班会课上尝到了"甜头"，自然会对班会课多多支持。

一些专业性较强的活动，班主任更要得到任课教师的帮助。如读书活动，请语文老师指导；班级联欢，请音乐老师指导。又如历史话题的活动、环保话题的活动，邀请历史、地理、生物老师参加，老师们生动的"专业话语"将使同学们终生难忘。

令我感动的是，有一个班级在开展"14 岁集体生日活动"时，开场的第一个节目是班级全体任课教师热情朗诵向全班同学表示生日祝贺的诗歌。这首诗由语文老师执笔，许多老师提了非常好的意见。活动中，老师们的话语深深地打动了每一个同学，老师们的真情深深地感动了每一个同学，产生了非常好的效果。在班会课中，师生的情感沟通、交流、融合是教师做好今后工作的重要基础。

（二）用好听课老师资源

伴随学校研究活动与校际交流的增多，班会课如有其他老师听课，我们也可以巧借力，邀请他们参加班会课的相关活动。

可邀请听课老师做评委。听课老师做评委，同学们会更兴奋，还可以摒除"成见"，给学生更多的机会。我在班上开展小组演讲比赛、编报评比时，多次有外校的老师来听课，我热情地邀请他们做评委，并请他们在前排入座（便于观察、评判）。他们的精彩点评，既指导了学生，又启发了我，产生了意想不到的效果。

还可邀请听课老师直接参与课堂活动，一起讨论，一起交流。听课老师的参与，常常会为班会课注入新的活力。不过，邀请听课老师发言时，应事先和他们打好招呼。这不仅是礼节，而且能让他们提前有所准备，有助于发言质量的提高。

二、用好家长资源

我认为在班会课中一定要发挥家长的作用，让家长通过班会课进一步了解学校，走近老师，更好地形成教育的合力。

我们可以直接邀请家长担任班会课的主讲人，比如"难忘我的黄金时代"家长回忆中学生活、"伟大的时代召唤青年"家长与学生谈心。家长的真情述说在特定的教育场合会产生震撼的效果。

要让家长担任班会课主讲人，我们应开展家访，与每位家长建立友谊，从中发现适合为学生作报告的家长。现在有些班主任满足于电话家访、微信家访，许多有经验的班主任认为这种"指间"联系虽然便捷，但比不上家访时面对面交流充分、真诚。在面对面的真诚交流中，不少家长表示乐意为班级工作助一臂之力。有时我们在本届学生家长中可能没找到适合为学生做报告、做讲座、做交流的家长，但在往届中有适合的，因此我们可组建班级家长讲师团，邀请有关家长就他擅长的话题与学生进行交流。这种资源还可以在同事之间共享。

我们还可以经常邀请家长参加班会课。比如，开展"我是家长小助手"家务劳动比赛时，可以邀请家长出题；学生集体生日时，可以邀请家长写祝贺信；毕业前夕可以邀请家长写寄语，许多家长的话语深思熟虑后，能激励学生、温暖集体。

三、用好社会资源

我们要充分利用身边的资源，邀请当地劳动模范、先进工作者等到校"现身说法"，讲述他们的人生感悟和实践体会。这种"以人育人""帮助学生寻找生活中重要他人"的做法是很有效的。

所谓"重要他人"，是"对个体的自我发展（尤其是在儿童时期）有重要影响的个人和群体，即对个人的智力、语言及思维方式的发展和对个人的行为习惯、生活方式及价值观的形成有重要影响的父母、教师、受崇拜的人物及同辈群体"。许多研究发现，在人的不同发展阶段，影响他的"重要他人"是不同的。比如，在儿童期，"重要他人"是母亲、父亲及其他家庭成员，到了学龄阶段，则常常是榜样人物、同伴及老师。因此，我们要帮助学生寻找生活中的"重要他人"。

在寻找"重要他人"时，班主任要善于挖掘身边的资源。有不少老师埋怨身边的资源不够，我认为关键在于发现。我做了归纳，身边的社会资源主要有：

1. 关心下一代资源

在许多地方、许多学校，都有关心下一代工作委员会（小组）。有许多关心下一代成长的"五老"人员（老干部、老战士、老专家、老劳模、老教师）。在泰州，我和新四军老战士肖克围的交往，在上海，我和新四军老战士阎道彰、石刚的交往，都深深地印在我的脑海里。我们应将"五老"请进校园，请进班级。

2. 杰出校友资源

每个学校都有自己的历史，校史上都有学校引以为豪的杰出校友。发挥他们的作用，对学校、班级的精神文明建设有着重要作用。

3. 时代楷模资源

每个时代都有自己的标杆人物。近年来，道德模范、劳动模范、先进工作者、三八红旗手、青年岗位标兵、航天英雄、科技专家等都是我们的时代楷模。

4. 优秀学子资源

刚毕业的学生、在校的学生，他们中有许多优秀人物。

5. 社区资源

社区资源从身边来挖掘，主要是学生家庭所在社区和学校所在社区，许多居委会干部、社区志愿者都是教育的热心人。特别是学校所在社区的教育热心人，他们对学校的情况比较了解，我们应主动加强与他们的工作联系。

对于身边的这些资源，班主任要善于做整合工作。有条件时，还可以组建成班级德育讲师团。这些宝贵的资源可以与年级组共享。年级组的老师们互通声气，加强交流。

邀请"重要他人"到校，要事先"做好功课"，特别要关注他们的语言表达能力。如果讲演者比较内向，不善言表，那么就不容易在留下"第一印象"的时候征服听众，会影响教育效果。在相同条件下，我更倾向于邀请年轻一点的优秀人物，因为"青春偶像"靓丽的外形、亲切的话语、活泼的举止更能使学生产生崇敬之情，增强班会课的吸引力。

四、用好网络资源

近些年来，随着信息技术的不断发展，网络成为大家非常喜欢的重要资源。网络像大海，广阔无垠，有丰富的资源，取之不尽，用之不竭；网络像大海，风起浪涌，变化难测。我们在使用网络资源时，要注意：

1. 合适

网络资源很多，合适很重要。我们应根据学情，选择合适的视频、图片、故事、人物名言等资料。有些班主任在资料的精准性、合适性上研究不够，"捡到篮子里"的并不都是"菜"，一定要斟酌比较，选取贴切的、新颖的资料。

2. 真实

网络资源很丰富，但有时良莠不齐、真假难辨，需要我们加强识别，确认信息来源的可信度。记得有一阵，"哈佛大学图书馆凌晨4点半的灯光"风靡一时。但后来很多人特意去考证，发现哈佛大学有很多图书馆，但只有一所图书馆24小时开放。一般情况下，晚上11点左右，人们就陆续离开图书馆，几乎没有人凌晨4点半在图书馆里看书。而且哈佛大学的许多学生都秉持这样的信念：会生活，会学习。材料如果不真实，就会失去说服力，而德育就是引导学生求真求实。

班主任用好多种资源，不仅是要借助各方的力量，适当减轻自己的工作负担，更重要的是有助于形成工作合力。综合资源妙运用，这样的班会课将深深烙印在学生记忆中。

🔗 **链接11** -

青春的起航

上海市延河中学　金蓉华

（在同学们热烈的掌声中，班级任课教师上场，一起朗诵集体创作的诗《青春岁月》。）

政治老师颜老师：青春，一个阳光般耀眼的名词，即使闭上眼睛也能感到丝丝的暖意。

语文老师顾老师：青春，一个少年不识愁滋味的季节，一段恣意潇洒狂傲不羁的岁月。

数学老师王老师：青春有着蓝蓝的色调，有微微的活泼和轻佻，也带着淡淡的忧郁做调料，蔚蓝的天空下，我们挥洒着泪水和欢笑。

英语老师金老师：如果说，人生是一场旅行，那么青春就是途中最初的美景。

政治老师颜老师：如果说，人生是一部戏剧，那么青春是最甜美的一幕。

语文老师顾老师：如果说，青春是一首乐曲，那么青春是曲中最华丽的旋律。

数学老师王老师：如果说，人生是一本含义隽永的书，那么青春是书中最纯澈的篇章。

合：让我们真诚地把它握住，无论往事是欢喜还是惆怅，青春年少的我们都将这些一一珍藏，等待日后散发出悠远绵长的醉香。

专家点评

这些文字我一直很喜欢，很温暖、很浪漫、很贴心，字里行间洋溢着真情，充满着对孩子们的爱和希望。我想召开这次主题班会，这个节目亮相时，全班一定掌声如潮，"要把教室的屋顶掀掉"。在这堂师生情感充分交融的班会课上，一定会产生巨大的向心力和凝聚力。稍有可惜的是，任课教师还少了点，如果还有其他老师，比如体育老师、美术老师、音乐老师加入合诵，效果一定会更好。

现在的老师都很忙，类似的活动常采取录视频的方式，而且内容都是叮嘱学生要好好学习。如果老师亲自到场，声情并茂地朗诵诗歌，效果当然不一样。

◎点评：丁如许

🔗 **链接12**

岳阳楼下我的家

岳阳市岳阳楼区东方红小学　李艳艳

【设计背景】

《新时代爱国主义教育实施纲要》强调：爱国主义是中华民族的民族心，民族魂，是中华民族最重要的精神财富。实现中华民族伟大复兴，落实立德树人的使命担当，培养孩子的家国情怀、民族意识，厚植爱国主义情怀具有重大而深远的意义。爱党爱国的基本点是热爱自己的家乡，能够发自内心地热爱自己生长的土地，爱祖国才会有真真切切的落脚点。

岳阳，一座历史文化名城，一篇《岳阳楼记》中"先天下之忧而忧，后天下之乐而乐"成为中华民族的精神坐标。但是作为岳阳人，不少孩子对家乡的美景、家乡的文化缺少深入的了解，正值第十五届全国中小学班会课专题研讨现场会在我校举办，为了让孩子们更好地了解家乡，也为了向来自全国各地的中小学班主任介绍岳阳，我们班开展了"探寻家乡美"的活动，让孩子们走进家乡，了解家乡的风景，探寻家乡文化，充分利用家乡丰富的人文资源，认识在文化熏陶下最美的家乡人，从而激发学生的民族自豪感、历史责任感，自觉地把自己的成长同祖国的命运结合起来，更加清楚地认识到自己的历史使命，涵养学生的家国情怀与素养。

【教育目标】

1. 通过寻访活动，让学生体验、感受家乡的美。

2. 通过对家乡的名楼、名文、名人的探究，让学生感受家乡文化中蕴含的"忧乐"精神，感受家乡文化魅力，培育对家乡的热爱之情。

3. 通过活动的开展，增强学生热爱家乡、建设家乡，为中华民族伟大复兴而努力的使命感。

【课堂准备】

1.组织学生开展"岳阳楼下我的家"的主题探索活动，去发现、探索家乡的美。

2.召开班干部会议，讨论班会课的实施方案。

3.根据班干部的决议，分配任务，检查工作进展。

4.制作课件。

【课的过程】

班主任：亲爱的同学们，一个月前，我们分小组开展了"岳阳楼下我的家"探寻家乡美的班级活动，通过大家的努力，各小组收获满满，今天在班会课上，我们做成果汇报。期待大家的精彩展示，首先有请主持人——

（主持人出场。）

陈瑞：洞庭天下水，岳阳天下楼，我的家乡是岳阳，洞庭湖畔璀璨的明珠。

何敦华：作为岳阳人，你了解我们的家乡吗?

陈瑞：那当然，历史名城、宜居城市、全国文明卫生城市、湖南副中心城市……一张张名片让我们每一个岳阳人心生自豪。

何敦华：你知道的真不少，那我们的家乡到底有什么魅力，能获得这么多赞誉呢?

陈瑞：别急，请跟随我们班的四个小组一起领略我们家乡的魅力吧。

第一板块：景——美与传承

第一小组：岳阳楼

尹宣诺：古城潇湘之美，美在千古名楼。我们第一小组探寻的是家乡名楼——岳阳楼（幻灯片出示图片），你看它气势恢宏，临湖而筑，有着 1700 多年的历史，衔远山，吞长江，大气磅礴，气吞山河。

魏铭俊：大家请看，岳阳楼主楼为三层，整座楼建造没有使用一颗钉子、一块砖头，都是木料构成。不仅如此，它还是中国仅存的最大的独特盔顶结构的古建筑。

瞿子航：我来考考大家。你们知道这座楼的起源吗？

胡文欣：我知道，这是东汉末年时，横江将军鲁肃为了方便在洞庭湖上指挥操练水师而建，它的前身是一座阅军楼。

周福基：你的知识真渊博，我还知道很多大诗人，如李白、杜甫、孟浩然、李商隐等都来过这里，留下了流传千古的诗文呢。

柳森焱：你看，我们眼前所看到的衔远山、吞长江的磅礴气势，朝晖夕阴、气象万千的湖光山色，不就是李白笔下的"水天一色，风月无边"吗？

第二小组：君山爱情岛

何忧：岳阳楼真是魅力无穷，我们小组探寻的君山岛也有它迷人的色彩，你瞧——

刘诗雨和马可心（手牵手唱歌出场）：湖光秋月两相和，潭面无风镜未磨。遥望洞庭山水翠，白银盘里一青螺。

卢汐涵：八百里洞庭中有一个与岳阳楼遥遥相对的绿色小岛——君山黛螺。

熊怡馨：清朗的月光、悠悠的碧波、夕阳里的渔歌互答，触动了多少文人墨客的心弦，又流转着多少喜乐忧思。

谢梓宣：二妃殉夫，斑竹泪痕，柳毅传书，它承载着多少流传千古的凄美爱情故事。动人的神话色彩，在洞庭湖的烟波里，垂柳袅袅，熏陶了一代又一代的巴陵人。

彭宇轩：这极具浪漫色彩的君山岛，要记得来游览一番哦！

第三小组：慈氏塔、张谷英村

黄景睿：美丽而神奇的君山岛给我们留下了深刻的印象，我们小组来到了洞庭湖畔，你听："丁零零"一串塔铃声穿越千年而来，在我眼前的是千年古塔——慈氏塔。

你看，古老的砖石呈灰黑色，布满青苔的墙面刻着岁月的沧桑，塔尖上每一个金色小铃铛，都是一个个高深莫测的传说故事，见证着潇湘古城在忧乐情怀中繁荣发展，走向富强。

王睿博：说起故宫，你们一定会想起北京故宫的宏伟和壮丽，其实在我们的家乡，就矗立着一座明清时期的大屋，它就是有着"天下第一村"美誉的张谷英村。再随我们第三小组一起去看看吧！

张文博：这里四面环山，层峦叠嶂，茂林修竹，流水潺潺，如一片世外桃源。

魏沛铃：600多年的繁衍生息，形成一个庞大的古建筑群，其建筑、雕刻艺术令我们惊叹称奇。

周琪佳：这里的天井堪称一绝，通风，排水，数百年来，大屋从未因积水受灾，可雨水排向何处一直是未解之谜。

罗澜清：这是巷道，户户相连，畅行无阻，你一定会问：着火了怎么办？其实这巷道还是防火隔离带，能截断火源，避免火灾蔓延。

曹蕊琪：这里的雕刻艺术也极为精巧，你看——或庄重凝练，或婉约清绝，或喜庆活泼，或禅意深沉，各得其妙，无一雷同。它就像一部书，让你永远读不完、看不够。

第四小组：洞庭湖湿地公园

张轶杰：我们家乡的古建筑真是魅力无穷，谢谢第三小组的分享。我们第四小组寻访了洞庭湖湿地，那里可美啦！

贺钰琪：洞庭湖畔，沙鸥翔集，锦鳞游泳，岸芷汀兰，郁郁青青。

彭梓城：这里拥有广阔的沼泽和湿地，独特的生态环境孕育了得天独厚的自然资源。我们小组把湿地的美丽都画出来了。

姚越：你看，我画的是 15 万公顷的东洞庭湖国家级自然保护区，它融江、河、湖、港、岛屿为一体，集沙洲、芦荡、绿地、田园于一身，可美啦！

晏雨诗：这里的气候温和湿润、光线充足，每年都会吸引很多候鸟前来过冬，一到冬天这里可热闹了，去年统计水鸟有 20 多万只呢！我把它们也画下来了。

朱子寅：这里不仅是鸟的天堂，还是国家一级保护动物麋鹿的家园，你看它们生活得多么快活。

胡文灿：濒临灭绝的有着"水中大熊猫"之称的江豚也慢慢增多了，运气好的时候还能看到它们跳舞呢！

周雨泽：在班主任老师的帮助下，我们各小组还把自己的发现改写成了一首歌，一起来听听吧！

第一小组：我站在岳阳楼下，看烟波洞庭照碧空，渔帆远影正飞鸿，鱼虾肥美忙撒网，歇歌遥望对碧峰。碧湖水千古悠悠，忧乐情怀一座楼，是它的美。

第二小组：我站在君山岛上，伴随着洞庭湖水，听美丽的爱情传说，柳毅井传颂爱的经典，斑竹林谱写出爱的赞歌，你是一座浪漫的爱情岛，承载着悠久灿烂的文化。

第三小组：我走进张谷英村，松苍竹翠渭溪边，聚族成村古舍连，百步三桥门对水，一窗千岭树含烟，古村遗韵永流传。

第四小组：洞庭湖湿地公园，万顷青草连天，水影沙洲湿地点点，鸟儿们的天然便利站，麋鹿繁衍的家园。广袤的洞庭湿地，你是多么美丽而又神奇。

（**设计意图**：第一个板块是围绕家乡的美景展开探究，各个小组分别从岳阳楼、君山爱情岛、慈氏塔、张谷英村、洞庭湖湿地公园等有着浓厚文化底蕴和地域特色的风景进行实地了解与探究，并把自己的发现梳理汇报，以培养学生的实践探索能力，激发学生对家乡的热爱之情。）

第二板块：人——文化与精神

陈瑞：家乡的风景美，美在自然风光之独特，美在古城历史之悠久，在各小组的探寻中，我们还发现了家乡最美的人。

何敦华：走过历史的长河，在滚滚的汨罗江里，屈原的求索精神，让千千万万华夏子孙敬之、爱之。

陈瑞：穿越历史的长河，在烟波浩渺的洞庭湖里，范仲淹的忧乐精神为我们提供了取之不尽的精神力量。

何敦华：炮火纷飞的岁月，他——任弼时，党的骆驼，中国人民的骆驼。

陈瑞：他，一个既有乡土味道又寓意深刻的名字——何长工。

何敦华：无论是硝烟弹雨的战争年代，或是如火如荼的社会建设，都留下了他们艰苦奋斗的痕迹。

陈瑞：是啊，这些心系家国的人太多太多，不如听听各小组的介绍吧。

第一小组：滕子京与范仲淹

柳森焱：庆历四年春，滕子京谪守巴陵郡。

任桓宇：因为一宗备受争议的贪污案，滕子京被贬谪到巴陵。

何泽宇：面对仕途的失意、人生的坎坷，在这个萧条的岳阳城，他难免有些消沉。

尹宣诺：每天他都来岳阳楼观光赏景，疗治心情。相传，他登临岳阳楼时，看到楼板坍塌，摇摇欲坠时，他叹息道——

张湘裕（扮演滕子京）：这声名远播的一座名楼，竟如此破败，我得重修岳阳楼。

熊蕙琳：滕子京，你可要想清楚啊，你年事已高，身体可经不起这般折腾啊。

何忱：你可是被贬谪过来的，处境不好，修楼需要大量的经费，你可要三思啊。

张湘裕：再苦，再难，我又怎能眼看着这文脉从我手中断了呢？

合：越明年，政通人和，百废俱兴，乃重修岳阳楼。

胡文欣：岳阳楼重修落成，他痛饮一番，给好友范仲淹写了一封信，并附上《洞庭秋晚图》，希望范仲淹为岳阳楼写一篇文章。

晏雨诗：那时的范仲淹也正处于人生的低谷，庆历新政失败后，壮志未酬的一代名相被贬为知州，相同的境遇下他劝慰好友——

张湘裕（扮演范仲淹）：不以物喜，不以己悲，居庙堂之高则忧其民，处江湖之远则忧其君。

甘岱灵：他把中国文人忧乐天下的人生理想倾注笔端，写下了千古名篇《岳阳楼记》。

张湘裕：先天下之忧而忧，后天下之乐而乐。

罗雨文：一篇《岳阳楼记》让滕子京备受鼓舞，巴陵任职期间崇教化，兴建岳州学宫，治水患，拟筑堰虹堤。三年为官，成就三件大事。

余雨晴：就连朝廷之上，分属不同阵营的史学家司马光也称赞道"岳州治为天下第一"。

全班同学（合）：啊，千年的风雨，千年的吟唱，滕子京、范仲淹，双公双德，文坛佳话流千古。

啊，千年的风雨，千年的吟唱，洞庭湖、岳阳楼，一湖一楼，万家忧乐到心头。

第二小组：蓝天救援队刘军叔叔

娄雅慧：谢谢第一小组的分享，我知道"先天下之忧而忧，后天下之乐而乐"已成为中华民族的一座精神坐标。在我们家乡，还有一批有着家国情怀的人，你看！

刘子璇（牵爸爸出场）：我的爸爸是蓝天救援队队长刘军，蓝天救援队是一支公益救援队伍。队员们没有节假日，没有固定休息时间，哪里需要救援，哪里就有他们！

刘军：蓝天人只是希望每个人都能享受到免费救援，每次帮助他人都是爱心的一次次传递，给黑暗带去光明和希望，先天下之忧而忧，后天下之乐而乐，这是岳阳精神，也是蓝天精神。

第三小组：护士长赵梅梅阿姨

（骆彦涵、李思逸牵赵梅梅出场。）

骆彦涵：我的阿姨是医院感染科护士长赵梅梅。赵阿姨，疫情防控初期，当未知和恐惧笼罩大地的时候，是什么力量让您义无反顾地走进了隔离病房，您不怕被感染吗？

赵梅梅：我怕！我是一个妈妈，我爱我的孩子，她不能没有我；可我还是一名共产党员，在家国需要我的时候，义无反顾，勇往直前，忧家国之忧，乐家国之乐，这是我的责任与担当，这个时候我不上，谁上？

李思逸：阿姨，虽然您剪掉了长长的辫子，可是，现在我觉得您更漂亮了，长大以后我也要像您一样。

第四小组：退役军人朱再保爷爷

（播放朱爷爷接受电视台采访的视频。）

周雨泽：2018 年 4 月 26 日，习近平爷爷来到了岳阳，提出了守护一江碧水的殷切期望，我们的朱爷爷就是美丽的洞庭湖湿地的保护神。

周雨泽：朱爷爷前半生参加了抗美援朝，在炮火纷飞的战场保家卫国；后半生他全心全意投身于公益环保，守护家乡的青山绿水。作为共产党人，他为党的事业奋斗了一生，造福家乡，忧家国之忧，乐家国之乐。

贺钰淇：我们一定会紧随朱爷爷的脚步，做新时代的接班人。

（**设计意图**：家乡美，不仅美在家乡的风景，还美在家乡的人。第二个板块，从风景美延伸到家乡最美的人，从古至今，从远及近，引导学生走近滕子京、范仲淹，走近蓝天救援队刘军叔叔，走近身边的抗疫天使赵梅梅阿姨，走近朱再保爷爷。孩子们在近距离采访与了解中，对家乡最美的人产生崇敬之心，也让这守护家乡、造福家乡的忧家国之忧、乐家国之乐的精神深入人心，指引学生做新时代的接班人。）

第三板块：生——践行与担当

陈瑞：一汪洞庭水，滋润岳阳人，几千年的文化，铸就了岳阳精神。

何敦华：我们的红领巾寻访，如沐春风；我们的少先队员，用自己的行动在践行。

第一小组：陶泥再现岳阳楼

尹宣诺：我们学校开设了校本陶艺课程，美术老师采纳了我们的建议，将岳阳楼搬到了陶艺课堂。看，这是我们制作岳阳楼的情景。（出示队员陶艺课上制作岳阳楼的场景）

（出示视频或图片的同时，6名队员拿出自己的作品进行展示。）

甘岱灵：岳阳楼三层，四柱，飞檐，盔顶，在捏制过程中，我们收获了成功的喜悦，我为家乡深感自豪。

胡文欣：唐宋元明清，五朝楼观，岳阳楼在每一个朝代翻新时都融入了时代元素。你看，我捏的就是宋朝的岳阳楼，在陶艺课上我不仅了解了家乡的岳州窑，还懂得了岳阳楼的许多美学知识。

第二小组：小康家庭升国旗

谢梓宣：爱国从尊重国旗开始。我们学校在寒假开展了"传承红色基因，小康家庭升国旗"的活动，让五星红旗每一天都准时升起，迎风飘扬。

刘欣玥：寒假，我参加了学校升国旗活动（出示升旗图片），大家瞧，我们80岁的赵奶奶参加了正月初一的升旗活动，活动后她语重心长地告诉我们，她身在旧社会，长在新中国，看着祖国日益繁荣昌盛，我们的生活越变越好，非常激动开心。

同时，我们不要忘记一代又一代为祖国发展做出贡献的爱国志士和伟大领袖。我暗暗下定决心，长大后要接过建设祖国的接力棒，让中国人民更幸福！

第三小组：红娃讲党史

瞿欣愉：今年我们学校开展了"红娃讲党史"的活动，了解党的发展史，传承红色基因。我们作为小主播、小先锋，认真学习好党史，是我们义不容辞的责任。

卢伯中：敬爱的老师，亲爱的同学们，大家好！我是"红娃讲党史"宣讲员卢伯中，今天我讲的是王二小的故事，从前有一个聪明机灵的小男孩叫王二小……想听吗？请关注红领巾电视台，这里还有雷锋、周恩来等人的故事，可精彩啦！

第四小组：2035，我是谁？

王梓萌："十四五"规划、"2035美好蓝图"一经发布，让我们深受鼓舞。

张轶杰：2035年，那时我们的祖国更加繁荣富强。

周雨泽：2035年，我是谁呢？同学们来说说自己的想法吧。

甘岱灵：2035年，我将成为一名心理学家，我要用我的专业知识帮助有心理困惑的人，读懂病人的内心，帮助他们解除烦忧，让更多的人获得快乐。

何嘉乐：2035 年，我将成为一名街道美容师，我要让我们家乡的每一条道路两侧开满鲜花，干净又美丽，让每一个行人都有好心情。

瞿欣愉：2035 年，我将成为一名老师，我想通过自己的努力，让我的学生在知识的王国里快乐游玩，让他们长大以后都能成为为国效力的栋梁之材。

余雨晴：2035 年，我将成为一名医生，用自己的医术帮助病人解除病痛，获得健康。我会朝着我的目标努力前行。

陈瑞：我们是祖国的未来，2035 年的我们，正是国家的栋梁。

何敦华：我们胸怀忧乐，我们肩负使命，我们要——

全体同学（合）：好好学习，天天向上！

（**设计意图**：从寻访家乡美到走访家乡最美的人，在一系列活动中，激发学生勇于践行、敢于担当的精神。"陶泥再现岳阳楼""小康家庭升国旗""红娃讲党史""2023，我是谁？"等活动，打开了孩子们心灵的大门，在他们心中种下了一颗热爱家乡、报效祖国的种子。）

陈瑞：为实现中华民族伟大复兴的中国梦，我们努力，我们担当，我们是新时代的接班人。最后有请班主任讲话。

班主任：亲爱的同学们，你们真了不起，通过自己的寻访、探究，展示了我们家乡这美丽而又神奇的一楼、一山、一塔、一村、一湿地，不仅展现了家乡的风景美，还展现出家乡的文化美、精神美，让身为岳阳人的我们有着深深的幸福感与自豪感。同学们，你们是幸福的，希望你们牢记使命，奋勇向前！

陈瑞：谢谢您的点评，今天的班会汇报课到此结束。

（**设计意图**：班主任总结全课，鼓励孩子们牢记使命，奋勇向前。）

在全国第十五届中小学班会课专题研讨现场会上，李艳艳老师和岳阳楼区东方红小学 371 班的孩子们共同展示了主题班会课《岳阳楼下我的家》。这堂课立足本土实际，实现了资源的多元开发与利用，有着浓浓的"岳阳味道"。为达成通过活动培养"岳阳的孩子爱岳阳"这一目标，李老师在资源整合上可谓下足了功夫。

首先，主动吸纳成员，保证课程资源开发主体的多元化。李老师作为这节课的设计者、组织者，她从学生的发展需求出发，主动吸纳家长代表、社会专业人员参与这节课的开发与实施，如蓝天救援队队长、医院护士长、退役军人。他们既是城市的主人，更是先锋模范，是岳阳"先忧后乐"精神的典型代表。挖掘人才资源优势，不仅可以形成地方特色，还避免了课程开发主体单一的问题。

其次，学生全员参与，实现课程资源开发主体的团队化。第一板块呈现"家乡的美景"，内容由学生基于自己的兴趣进行选择。学生围绕岳阳楼、君山岛、慈氏塔等风景名胜，以小组合作的方式展开调查、采访、收集、整理，并融合了语文、音乐、美术、信息技术等学科教师的指导。在互学互助的跨学科知识背景支持下，学生得以开阔视野、提升技能，感受"音诗画"里的家乡美，在丰富的自然、历史、人文资源中，细品文坛佳话，共叙万家忧乐。

最后，这节课实现了与学校特色文化、社团活动、少先队活动的结合。岳阳楼区东方红小学是全国文明校园，其德育活动立体纷呈，其中"校本陶艺课程""小康家庭升国旗""红娃讲党史"是学校的德育品牌。学生在活动中，既重温了身边人的故事，也讲述了自己的经历和理想，用实际行动践行"岳阳的孩子爱岳阳"的使命担当，种下一颗热爱家乡、建设家乡的种子，为实现中华民族伟大复兴的中国梦而勤勉努力。

◎点评：刘霞辉

链接13

情迷古蜀国　探秘三星堆

四川省广汉市金雁中学　何林忠

【设计背景】

2016 年，教育部等 11 部门联名发布了《关于推进中小学生研学旅行的意见》，这是第一次旗帜鲜明地倡导在中小学校开展研学旅行。2017 年 12 月四川省教育厅等 11 部门出台了具体实施意见，支持让研学旅行成为学校培育学生核心素养的新路径。

读万卷书，行万里路。研学旅行是研究性学习和旅行体验相结合的校外教育活动，是学校教育和校外教育衔接的创新形式，是一种活生生的"课堂"，是学校生活的生动延伸，是教育教学的重要内容。

学生刚进入高中生活，为适应新一轮高考综合改革，让学生以实地研学的形式去开阔眼界、增智启慧，是落实立德树人、提升个人综合素质和文化自信的重要途径。三星堆文化作为本土文化的精髓，学生虽从小耳濡目染，但认知高度是受限的。学然后知不足，唯实践出真知。

高一的班级活动是形成班级凝聚力的源泉，而班会课的交流汇报，既是学生成长的珍贵记忆，也是助其成人的有效举措。

【教育目标】

1.通过体验，让学生切身感受古蜀三星堆文明，了解乡情、热爱家乡、增强文化自信。

2.通过活动，培育学生团队观念，激发学生探究知识的欲望，促进人文学科间的融合。

3.通过研学，开阔学生视野，锻炼学生表达能力和动手能力，争当家乡代言人。

【课前准备】

1.课前要利用班班通，组织学生观看三星堆文明的相关视频资源，为学生打开思路。

2.细化和落实研学活动的相关手续和实施方案，开展三星堆博物馆实地研学，让学生带着思考和任务深入了解三星堆文明及相关文物。

3.确定班会主题，师生共同思考班会课的呈现方式，设计活动流程。然后分组合作，收集资料，制作课件和视频。

【课的过程】

一、头脑风暴

主持人提出问题：

问题1：北纬30度出现过哪些文明？

（预设：学生回答"玛雅文明、巴比伦文明、埃及金字塔、大西洲、百慕大、三星堆"等等。）

问题2：三星堆也位于这条神秘的纬线上，它有哪些神秘之处？

（预设：学生回答"青铜神树、青铜大立人、纵目面具、黄金权杖、海贝、世界第九大奇迹"等等。）

（设计意图：从地理角度思考三星堆的神秘色彩，展现三星堆文化面貌的神奇和文化渊源的扑朔迷离。）

二、评价回响

主持人介绍三星堆考古发现的重大价值，用PPT展示名人对三星堆的评价。

1. 沉睡数千年，一醒惊天下。

——张爱萍

2. 三星堆也许不是最大的，但它绝对是你看完之后会进入你梦境的一个博物馆。

——撒贝宁

3. 伟大的文明就应该有点神秘，中国文化记录过于清晰，幸好有个三星堆。

——余秋雨

4. 考古学不仅仅是一种补充历史，事实上我们要根据我们的考古发现，来写历史。

——高大伦

（**设计意图**：让学生了解三星堆文明的重大价值，以名人对三星堆的评价引发学生对三星堆文明之谜的遐想，并思考其文化渊源。）

三、国宝推荐

1. 结合PPT，展示学生精心编排的群口相声，别样解说三星堆国宝。

2. 职业体验：模拟导游解说青铜大立人。

（**设计意图**：以学生独特的视角，别样解说三星堆国宝，让学生在活动中增强职业体验感，另通过多角度的创新思维激起学生探秘与解密的欲望。）

四、文明探究

1. 文字探秘：利用PPT，解密巴蜀图语以及含"蜀"字的飞花令游戏等。

2. 南丝绸之路上的"人与神"：图片加讲解，介绍"一带一路"及本土文化。

3. 学生游戏：小组合作知识竞猜。（未解之谜的趣味思考与互动知识抢答，题目略）

（**设计意图**：解密文明的专属符号，探究文物上诡异的造型及神秘的符号和图案，强调三星堆文化的本土性，非外来文明。在互动中引导学生发散思维，在合作中增强班会活动的趣味性和知识性。）

五、作品展示

1. 通过 PPT 展示部分学生的研学随笔，畅谈感想。

2. 播放视频《研学路上，共同成长》，展示本班开展的研学之旅的过程，触发学生回忆与思考。

3. 手工作品展示：展示学生提前制作的关于三星堆文物的手工艺术作品，通过想象模拟还原古蜀祭祀场景（蜀王、大祭司、太阳鸟等）。

（**设计意图**：隽永的文字与独特的思考让研学活动成为学生成长的记忆与证明，培养学生文创意识，通过艺术般的想象凝练研学成果。）

六、总结全课

班主任强调三星堆考古的重大意义和深远影响，鼓励学生努力学好科学文化知识，为解密三星堆古蜀文明做出贡献，让多元一体的华夏文明绽放光彩。

（**设计意图**：班主任总结班会，提出希望，突出班会主题。）

【**课后延伸**】

1. 课后让学生继续了解金沙遗址与南丝路上的其他考古发现，追寻三星堆古蜀文明的深远影响。

2. 让学生结合历史、地理、政治等学科知识，思考当前国家大力提倡"一带一路"的重大意义。

俗话说，熟悉之处无风景，如何让孩子们对身边的景物感兴趣，这是我们在进行研学旅游资源开发时要关注的。对生活在三星堆边上的孩子，何老师是如何用好这份资源的呢？何老师的班会课有以下特点。

一、紧扣"趣"字做文章

"头脑风暴"环节是激趣，"评价回响"环节是生趣，"国宝推荐"环节是说趣，"文明探究"环节是探趣，"作品展示"环节是留趣，"总结全课、课后延伸"环节是延趣。六个环节用趣串联，聚焦学生目光，激发学生情感，真正做到让学生"情迷古蜀国，探秘三星堆"。

二、立足"深"字做挖掘

1. 对主题的挖掘深

三星堆虽然是学生十分熟悉的地方，但多数学生对三星堆价值的认识不够深，因此何老师对三星堆资源采取由浅入深、逐步深入的挖掘。从群口相声、模拟导游、飞花令游戏、猜想未解之谜到"南丝绸之路"的文化讲解、手工还原古蜀祭祀场景，再到追寻三星堆古蜀文明的深远影响、思考当前国家大力提倡"一带一路"的重大意义等环节的设计，充分体现出对主题的深入挖掘。

2. 对学生的希冀深

此课强调以情境为依托的体验，由已知到未知、由过去到未来、由中国到世界，将个体生活阅历、当下生活场景以及未来人生希冀相结合，让学生的思维始终处于一个跨越时空的多维、开放的活动体系中，让学生在亲历中学习、在角色中体验、在经历中感悟，进而引发学生的思维碰撞。何老师希望通过此节班会课课前、课中、课后一系列活动，促进学生实现从道德情感到道德认知到道德判断到道德信念再到道德行为的生成。

◎点评：王星

【思考题】

1. 为了更好地利用身边的教育资源，有老师提出组建班级德育讲师团。你赞同这样的做法吗？

2. 家长资源是班主任应重视的德育资源。您是如何用好家长资源的？

第五章

认真写好
课教案

要提高班会课的有效性，要加强对班会课（这里指主题班会课，为叙述方便，简称"班会课"）教案的研究。

我听过不少老师的班会课，也与不少班主任工作室负责人研讨过怎样上好班会课。在交谈中，我常常提出一个问题："你上班会课写教案吗？"不少老师告诉我，他们上班会课常常不写教案。

上班会课不写教案，是因为班会课好上，已烂熟于心？是因为没有时间为班会课备课，来不及写教案？还是因为班会课教案比较难写，不会写教案？答案可能有多种。但我认为，上班会课一定要认真备课，要写好教案。

一、写好班会课教案的要点

上班会课，要认真地写教案。由于过去师范院校没有班主任专业课，或者授课比较简单，许多老师没有经过系统的学习，不会写教案。我们完成课的基本构思后，应抓紧时间写好教案，将班会课的构思呈现在案头，这一过程也是对班会课设计的策划和完善。

实践中，人们发现，写班会课的教案一般来说有以下要点：

（一）拟定响亮课题

班会课原本没有课题。为了上好班会课，班主任要给班会课拟定一个响亮的课题，让学生一听到这个课题就产生好奇心和向往。在拟定课题时，应力求表达明确、新颖生动、上口易记，如《我是小学生啦》《五月最美康乃馨》《爱的同心圆》《四季有常，不可逾越》《要爱你的妈妈》《老鹰与蜗牛》《哭泣的垃圾桶》《天道酬勤》《理解就是沟通》《永不止步》《相约2049》《我想有个家——一只小鸟的心声》《朋友一生一起走》《最好的对手是强手》等等，就很有特点。

人们常说"题好一半文"。好的课题，凝聚了上课老师的许多思考。好的课题犹如一杯好茶，能够让学生细细品味。

（二）思考设计背景

不少老师的班会课设计方案中没有"设计背景"这一环节，或者过于简略。我认为这一环节不可或缺，因为班主任必须回答这样一个问题："你为什么要上这节班会课？"

"为什么要上这节班会课？"不少老师回答这是学校的工作安排。这确实是实情，但这样的回答是不够的。因为班会课可以是学校安排的工作，也可以是自己经过思考后决定上的课。无论是学校工作安排，还是自己经过思考后的决定，都必须回答好"为什么要上这节班会课"。

为什么要上这节班会课？班主任要做认真的思考。我将思考的要点概括为"大处着眼，小处着手"。

所谓"大处着眼"，是指班主任必须加强学习，认真学习党和国家、教育行政主管部门的重要文件，增强"为国育才，为党育人"的使命感和责任感。为此，班主任应在自己电脑内建一个文件夹，收集党和国家、教育部和地方教育行政部门的重要文件，认真学习，把握工作的重点。根据有关教育文件思考，什么该做，什么必须做，怎样才能做得更好。比如"我的梦，中国梦"主题教育，就是要加强理想信念教育、提高实践能力，培育创新精神。当然，我们也可以从专家学者的精辟论述中找到出发点。

所谓"小处着手"，是指班主任要认真研究班情，分析本班学生存在的问题和特点，思考怎样做更符合学生的实际情况，更具有针对性和实效性。

"大处着眼"说的是班主任位在基层，责任重大，肩负着国家和家庭的希望和重托，我们要站得高看得远。"小处着手"说的是班主任事务繁多，但我们要聚焦班级存在的问题，分析准确，解决有力，我们要抓得准、做得实。

（三）明确教育目标

对于教育目标，许多教师受文化课教案的影响，会习惯性地写成"教学目标"，但因为班会课有别于文化课，所以用"教育目标"更合适。

也曾有老师将"教育目标"写成"教育目的"。我认为，目的比较抽象，是某种行为活动的普遍性的、统一性的、终极性的宗旨或方针；目标则比较具体，是某种行为活动的特殊性的、个别化的、阶段性的追求。某一行为活动目的的最终实现有赖于许多具体的行为活动目标的实现。"目标"的说法比"目的"的说法更贴切、更聚焦，所以用"目标"为宜。

班会课应有明确的教育目标。但我看过很多老师的教案，感觉许多教育目标的设计都过于空泛，缺乏可行性。制定班会课目标要具体、明确，力求"小""实""可达成"。

教育目标怎样制定呢？在实践中，可以选用以下三种写法：

1. 认知目标、情感目标、行为目标

布鲁姆的教育目标分类学将课堂教育目标分为认知目标（知识目标）、情感目标和行为目标，并强调制定目标时要用好动词。根据班主任的用词习惯，认知目标常用"了解""知晓""理解""记住""增强"等动词；情感目标常用"喜欢""喜爱""感受""乐于"等动词，或标明怎样的情感；行为目标则常用"学会""掌握""运用""提高""做到""开始"等动词。

班会课首先要聚焦认知目标，目标的内容是由学校学习的特点决定的。通过班会课，学生获得了哪些知识，这是班主任首先要关注的。其

次是情感目标，即通过班会课，学生有着怎样的情感体验。最后是行为目标，即通过班会课，学生的行为会有哪些改变、提高（其中包括能力的提高）。

我们来看一个示例：

你好，课间十分钟

重庆市中山外国语学校　熊智勇

【教育目标】

1.知识目标：让学生知晓课间休息的意义、规则和方法。

2.情感目标：感受文明自律、与同学友好相处的情感。

3.行为目标：消除不良的课间行为方式，学会安全、文明地度过课间十分钟。

2. 知识与能力目标，过程与方法目标，情感、态度与价值观目标

教育目标的另一种写法是，将目标分为知识与能力目标，过程与方法目标，情感、态度与价值观目标。这一写法更多地用于主题教育式的主题班会课。请看示例：

新环境、新起点、新目标

浙江省瑞安市新纪元实验学校　陈芳芳

【教育目标】

1.知识与能力目标：通过活动让学生认识新班级、新学校，学习如何与同学、老师交往，明确新学期的奋斗目标，提高迎接新挑战的信心和能力。

2.过程与方法目标：加强过程引导，通过观看视频、案例分析、小组交流等方式，让学生尽快地适应中学生活。

3. 情感、态度与价值观目标：通过活动使学生增强对同学、对老师、对班级、对学校的情感，愉快地投入新的学习生活，积极面对学习生活中的困难，迈好入学第一步。

3. 数字 1、2、3

有些班主任喜欢用数字 1、2、3 来表示，也是可以的。但所列项不要太多，一般 2 到 3 个。这样拟教育目标的方法比较灵活，直指关注的问题，可行性强，有利于目标的实现。

但列数字时，因为没有限定语，目标之间可能会有内容重复。班主任采取这样的方法拟目标时，要注意避免内容重复。请看示例：

我为班级添光彩

浙江省平阳县新纪元学校　金大游

【教育目标】

1. 通过交流，增强学生的主人公意识，懂得个人与集体的关系，增强责任心。

2. 指导学生学会观察与思考，为班级的发展献计献策。

3. 指导学生从小事做起，从我做起，用自己的实际行动为班级增光添彩。

以上三种教育目标的写法，各有所长。从现在的实践看，第一种、第二种写法多用于公开课、竞赛课，第三种写法多用于日常教学。老师们可以灵活选用。

现在有老师上班会课时，沿用教学上的方法。开始就让全班同学一起朗读本课目标，进入"亮标"环节。我不赞同这样的做法。著名教育家马卡连柯曾说，在开展活动的时候，教育的意图愈隐蔽，教育的效果愈好，就是要寓教育于活动之中。上班会课时，我们没有必要告诉学生我们的教育意图，要达成什么目标，而是让学生在活动中体验、交流、感悟，在活动实施的过程中水到渠成地达成目标。

同时我想补充的是，班主任在设计班会课时，教育的目标愈清楚，教育的效果愈好。班主任要思考本课将通过哪些环节、哪些途径、哪些方法，来达成我们的教育目标。

至于活动式的主题班会，有老师称之为"活动目标"，我认为是可以的。

（四）课前准备充分

课前要做哪些准备，也是设计教案的重要环节。要做哪些事，应一一列出。

有老师跟我说，写这一部分时总感到有点乱。我的建议是，按照准备的先后顺序来写，或者分为老师准备、学生准备来写。请看示例：

好书伴我行

浙江省瑞安市新纪元实验学校　魏小明

【课前准备】

1. 选好主持人，指导主持人写好主持稿。

2. 收集名人读书的小故事。

3. 排练歌舞、朗诵、快板、相声、合唱等节目。

4. "诗词采风"栏目的演练指导。

5. 与学生合编《读书拍手歌》。

6. 指导学生写好书推荐的理由。

7. 指导学生制作书签。

8. 课的过程清楚。

　　班会课的过程是教案的主体。教案要把主要步骤写清楚。一般先导入，再展开论证，最后总结提升。论证的过程一般是"是什么""为什么""怎么办"，这个过程应注意内在的逻辑关系，做到合理、自然，体现由浅入深、由表及里、由此及彼、由认识到实践的脉络构架。

　　教案可分为详案与简案两类。详案、简案的"设计背景""教育目标""课前准备"都是相同的，区别就在于"课的过程"。

　　详案的"课的过程"比较详尽，一般是从主持人的角度来预设（写下）课的过程，主持人（主讲人）大多是班主任，有时也可以是班长、学习委员、文娱委员等班干部或学生。在开展活动时，教师需简要记叙将要开展的活动。在师生对话时，教师需预设学生回答的内容。

　　简案的"课的过程"则比较简略，概述某一环节将要进行的活动即可，如观看视频、开展辩论、进行讨论等。

　　我们以课的开始为例，做一个比较。下面，先看一份详案：

我们能够做得更好

覃丽兰

【课的过程】

一、游戏引入，感受潜能的无限可能

1.介绍游戏规则

　　师：今天，我们玩一个游戏，叫作"掌声响起来"。假如你用最快的速度双手鼓掌，一分钟你能鼓多少下？请将预计数字写在纸的左上角。要求：独立迅速完成，不要交头接耳，不要互相询问和商量。

　　（学生在纸上写数字。）

　　师：我想问问同学们写的数字。

　　（预设：询问6名同学，各有不同的回答。如有学生写得多的，要问问原因。）

2.计时活动体验

师：现在我宣布活动要求——尽最大努力鼓掌10秒钟，边鼓掌边数数。

（老师计时，学生拍手体验。）

师：请同学们计算鼓掌次数，再将鼓掌的次数乘以6，得出1分钟鼓掌的次数，将这个数字写在纸的正中央。

（学生进行计数。）

3.交流鼓掌次数

师：现在我们进行交流分享。

（找5名同学分享实际鼓掌次数和预计鼓掌次数。）

…………

我们再看一份简案：

十 秒 拍 手

丁如许

【课的过程】

一、活动导入

1.老师询问学生有没有在课上做过"十秒拍手"的游戏。

2.老师鼓励学生积极投入"十秒拍手"的游戏。

3.学生开展"十秒拍手"的游戏。

…………

通过比较，我们可以清楚地认识到详案、简案表述时的不同。详案、简案在每一个大的环节后都应有"设计意图"，说明、阐述这样设计的缘由，让讲课教师自己理清思路，让听课教师知晓讲课老师的想法。

考虑到教师工作繁忙，我一直主张：**班主任平时上班会课，写简案即可**。简案提纲挈领，便于操作，但每学期可写一篇详案。这样简案、详案都会写到，就能加强课前准备。

其实写教案还有一个好处：今后如再上同一主题的课，班主任可以在原先的教案上修改完善。如果班会课由学生设计，班主任也可以告诉学生："这里有一份教案，你们可以参考，希望在现有的基础上做得更好。"

二、班会课教案自评表

为了帮助班主任写好班会课教案，我们设计了一份班会课教案自评表，供老师们自查参考。

表4　班会课教案自评表

项目	评价要求
班会选题 （10分）	1. 选题贴近学生生活 2. 选题表达准确、生动、响亮，能给学生留下深刻的印象
设计背景分析 （10分）	1. 大处着眼，清晰地阐明选题对学生发展的重要性 2. 小处着手，学情分析要具体到位
教育目标 （10分）	1. 教育目标要表述清楚、准确 2. 目标设计要小、实、可达成
课前准备 （10分）	1. 课前应有充分准备 2. 准备工作安排有条不紊，责任到人
班会课的过程 （50分）	1. 环节清楚，结构合理，过渡自然 2. 内容明确，详案具体，简案概括 3. 教育形式多样，注重师生互动，体现学生主体 4. 预设充分，对学情有较好的预判，注意发挥教师的引导、点拨作用 5. 设计意图阐述清楚
作业或课后活动 （10分）	1. 作业布置合理 2. 课后活动有创意

这份自评表，适合班主任对照自查，也适合学校在班会课教案评比时进行校内选拔。对照这份自评表，再参考优秀班主任的班会课教案，我们对写好班会课教案一定会胸有成竹。

一篇篇教案，记录着班主任的思考，承载着班主任的智慧。相信有了一篇精心准备的班会课教案，班主任一定能得心应手，上出充满魅力的班会课。

链接14

风景这边"读"好（详案）

重庆市中山外国语学校　杨武

【设计背景】

习近平主席在接受俄罗斯媒体采访时曾说："读书已成了我的一种生活方式。读书可以让人保持思想活力，让人得到智慧启发，让人滋养浩然之气。"国家多次提出，要"倡导全民阅读，建设书香社会"。然而，当今社会浮躁喧嚣、急功近利，喜欢读书的人越来越少，中学生也是如此。《中国教育报》曾发表过这样一篇文章——《白岩松：为什么我们已经堕落到要推广阅读？》，其中的观点发人深省。

青少年时期，尤其是高中阶段，是汲取知识、开阔视野、锻造人格的重要阶段。对学生来说，多阅读不仅能提高运用语言文字表情达意的能力，而且有助于习惯的培养、认识的提高、情操的陶冶、思想的升华。但是，受多种因素的影响，阅读在不少高中并没有得到有效的实施。因此我们要引导学生开展阅读，点燃学生的阅读热情，提升学生的阅读能力，使他们养成良好的阅读习惯，以免他们错过读书的青春好时光。

【教育目标】

1.学生通过观看视频，进一步认识到读书的重要性。

2.通过国民阅读状况的反馈和学生的读书分享，激发和增强学生阅读的兴趣。

3.开展读书知识竞赛、"感受文字之美"、读书指导等活动，让学生将阅读落实到行动上，养成良好的阅读习惯。

【课前准备】

1.收集有关读书的视频材料。

2.准备读书知识竞赛题。

3.收集国民阅读情况，了解中学生比较喜欢阅读的书目。

4.制作电子相册和课件。

【课的过程】

一、读书知识小竞赛导入

师：同学们，今天的班会课，让我们用读书知识小竞赛来开启吧！请听题（出示课件）：

问题1："会当凌绝顶，一览众山小"是杜甫的名句，请问诗人登上了哪座山发出了这样的感慨？

（答案：泰山。预设：学生一般能答出。）

师：回答正确。请听第二题（出示课件）：

问题2：小说《百年孤独》的作者是谁？作者在小说中描写了哪个小镇的百年兴衰？这部作品深深影响了中国的一个著名作家，他的代表作品是《红高粱家族》，这个作家是谁？

（答案：马尔克斯；加勒比海沿岸的小镇马孔多；莫言。预设：这道题学生可能答不全。）

师：这道题有的同学可能答不出。马尔克斯是哥伦比亚的著名作家，魔幻现实主义的代表人物，《百年孤独》描写了布恩迪亚家族七代人的传奇故事，以及加勒比海沿岸小镇马孔多的百年兴衰。获得诺贝尔文学奖的中国作家莫言受他的影响很大。现在请听第三题（出示课件）：

问题3："他一个人在山里劳动歇息的时候，头枕手掌仰面躺在黄土地上，长久地望着高远的蓝天和悠悠飘飞的白云，眼里便会莫名地盈满了泪水，山里寂静无声，甚至能听见自己鬓角的血管在恨恨地跳动。这样的时候，他记忆的风帆会反复驶进往日的岁月。石圪节中学，原西县高中……尽管那时饥肠辘辘，有无数的愁苦，但现在想起来，那倒是他一生中度过的最美妙的时光。他也不时地想起高中时班上的同学们：金波、顾养民、郝红梅、田晓霞、侯玉英……眼下这些人都各走了各的路。"这段文字选自＿＿＿＿＿＿＿＿（作家）的《＿＿＿＿＿＿＿＿》。你读过这本书吗？

（答案：这段文字选自路遥的《平凡的世界》。预设：有不少同学答不出。）

师：这是一部全景式地表现中国当代城乡社会生活的长篇小说。该书以中国20世纪70年代中期到80年代中期的10年为背景，深刻地展示了普通人在大时代历史进程中所走过的艰难曲折的道路。2015年7月，收到清华大学录取通知书的同学都收到了这本书，是时任清华大学校长邱勇特意送给新生的，也是从这一年开始，每年考入清华大学的学生都会在收到录取通知书的时候收到一套校长送来的书。

小小的三道读书竞赛题拉开了我们班会课的序幕。今天的班会主题是谈读书的。著名主持人白岩松曾在文章中这样写道:"这几年一直在做读书的推广,我总纳闷,对于人们的身体来说,不吃饭活不下去,但对于我们的精神来说,不读书难道不也是跟不吃饭一样活不下去吗?为什么我们已经堕落到了要全社会去推广'阅读'?因为我们遗忘了阅读,所以才会去推广阅读,这件事情恰恰印证中国的某种悲哀和某种觉醒。"不知道白岩松的话是否对你内心深处有所触动?你想说点什么吗?

(预设:学生积极回答,答案多种多样。如网络时代,现在的年轻人已经不怎么读书了,有时间就玩手机或电脑;不读书的原因主要是"没有时间";电影比书好看;短视频的流行使人们对于文字阅读的兴趣和耐心似乎也越来越少,我们首先要从发现阅读之美开始,激发我们的阅读兴趣;等等。)

(**设计意图**:以读书知识小竞赛导入,激起学生的兴趣,题目由浅入深,让学生能够感受到从轻松到挑战的过程。同时,在以阅读为主题的班会课上巧妙地进行了书目推荐。最后,用白岩松的话让学生陷入沉思。)

二、国民阅读现状反馈

1. 中国国民阅读现状数据反馈

师:那么,同学们,你们一年能够读多少本课外书呢?当然,《三联生活周刊》《看天下》一类的杂志不算。(教师可依次问读了10本以上的举手,7本以上的举手,5本以上的举手)

(预设:学生阅读情况应该有多种。)

师:这就是我们班的大致阅读情况。那么,我们的国民阅读现状究竟如何呢?中国新闻出版研究院每年都会进行全民阅读调研,近几年,我国成年人人均纸质图书阅读量虽然增长很慢,但都在稳步增长,最近几年人均读书4.6本左右;0～17周岁未成年人阅读量也在平稳提升,人均图书阅读量为10.5本左右。

同学们，这就是我们的国民阅读现状。而其他国家呢？网络上有这样一组数据：

表5　各国人均年阅读量

国家	人均年阅读量
韩国	约 11 本
日本	约 40 本
法国	约 20 本
美国	约 50 本
俄罗斯	约 55 本
以色列	约 64 本

师：从以上数据可以看出，很多国家的人都是有良好的阅读习惯的，他们的人均年阅读量不少。而中国，虽然经过这些年的努力，但人均年阅读量还不到 5 本。

2. 中国国民阅读现状反馈

师：那么，中国人真的就不爱阅读吗？不，最近几年，我每到一个城市就喜欢去书店或图书馆，并拍下我觉得最美的风景——阅读的场面，因为"风景这边'读'好"。同学。们请看视频《风景这边"读"好》。

（视频简介：不同地方的书店和图书馆的照片，中国人在书店阅读的场景。时长一分钟。）

师：同学们，看完这个视频，你此刻有什么想法？

（预设：学生积极回答，答案多种多样。如很多中国人还是喜欢阅读的；中学生似乎更喜欢阅读；中国人会在家里面也这么安静地阅读吗；等等。）

师：同学们，我希望有一天在某一个陌生的城市，有人也能够在不经意间拍到你们阅读的画面。国家政府工作报告中多次提到"倡导全民阅读，建设书香社会"，可见，阅读不只是我们学生的事情，更是整个民族的事情。

（**设计意图**：反馈国民阅读数据，让学生了解当前的国民阅读现状和身边人的阅读情况，并进行反思；视频的呈现，让学生看到中国国民阅读量提升的希望；教师分析我国人均阅读量较低的原因。在与学生的交流过程中，可以问问学生最近的阅读情况。）

三、交流阅读的体会

师：同学们，凡是崇尚读书的民族，大多是生命力顽强的民族。全世界读书最多的人是犹太人，平均每人每年读书大约 64 本。酷爱读书使犹太人变得非常优秀。现在许多发达国家的国民都是重视阅读的。同学们，你们有没有一点点读书心得呢？能不能用一句话将你的读书心得分享给大家？

（预设：学生说出自己的读书心得，老师适时进行鼓励、评价；如果学生一时无法说出，教师可以说出自己的读书心得，抛砖引玉。）

师：同学们，关于阅读心得，有很多名人名言。其实，古今中外热爱阅读的名人比比皆是，有关读书的名人名句也不胜枚举，下面让我们一起来欣赏他们的心得体会（出示课件）：

立身以立学为先，立学以读书为本。

——欧阳修

生活里没有书籍，就好像没有阳光；智慧里没有书籍，就好像鸟儿没有翅膀。

——莎士比亚

心不细则毫无所得，等于白读。

——梁启超

读书可以让人保持思想活力，让人得到智慧启发，让人滋养浩然之气。

——习近平

师：在推广阅读的过程中，电视媒体人也有他们的心得体会，下面让我们一起来观看 CCTV 的一则关于读书的公益广告。看的时候，请同学们用心看，用心记，看完之后，谈一下你最喜欢哪个主持人的观点，并举例说明。

（观看 CCTV 的读书公益广告。CCTV 的几位著名主持人分别从"阅读是什么""书中有什么""读书与什么有关""阅读的作用"等角度阐述了阅读的重要性。时长一分钟。）

师：大家看得很认真，其实从小学到初中再到高中，我们也读了不少书，也有不少体会。下面我们一起来交流一下自己的观点。

（预设：学生积极回答，答案多种多样。如书引导自己畅游世界；书给予自己丰富的想象；书让自己懂得了许多道理；等等。）

师：确实，在书中，看人间是非，品人生如茶，观云卷云舒，花开花落，这就是读书的乐趣。当电视、网络充斥在我们周围时，我们依然应该静下来看一会儿书，因为阅读过程中体会到的快乐是电视、网络所代替不了的。阅读的快乐在于，同一本书，不同的人能读出不同的意味，甚至一个人在不同的时候也能领悟到不同的韵味。

（设计意图：通过阅读体会的交流，让学生了解古今中外对阅读的重视，也能够了解身边同学阅读的情况，既有榜样的示范，又有阅读的引导，还有书目的推荐。）

四、指导解决阅读中的困难

1. 高中生是否需要阅读

师：应该说，同学们还是喜欢阅读的。可是有的人说："高中生最重要的任务就是高考，就是要把那几张试卷做好，不需要什么阅读！"

你认为高中生需要阅读吗？

（预设：学生积极回答，答案多种多样。如高中生肯定需要阅读，阅读能够开阔我们的视野；需要阅读，阅读不但能够提升我们的语文成绩，还能够帮助摆正我们的价值观；需要阅读，大量的阅读能够让我们变得更加有智慧；不需要阅读，有的同学不读课外书，一样可以考得很好；等等。）

师：你们说得很好，阅读，与学习有关，也与生活有关，更与生命有关，因此，你们不只是高中时代要阅读，以后进入大学、参加工作之后依旧要坚持阅读。

2. 高中生如何安排阅读的时间

师：高中生需要阅读，但高中阶段功课繁忙，各科作业堆积如山，我们有时间进行课外阅读吗？谈一谈你解决这个问题的办法吧！

（预设：学生积极回答，答案多种多样。如从学习中抽出一些时间，从课外抢占一点时间；可以和课内阅读相结合，对课文进行延伸拓展阅读，比如学习《鸿门宴》时，可拓展阅读《项羽本纪》《高祖本纪》；寒暑假是进行课外阅读的大好时机；养成随身携带图书的习惯；每晚上床睡觉之前，抽出半个小时的时间来翻几十页书；等等。）

师：同学们提出的这些方法都是很有效的。另外，在当今这个时代最影响注意力的东西就是网络，网络很容易造成时间浪费。想多看点书最好的办法就是离开网络，下决心每天留出半小时或一小时的阅读时间，关电脑，关手机，开始看书，看完书随手做些记录。胡适先生说："每天花一点钟看十页有用的书，每年可看三千六百多页书，三十年可读十一万页书。诸位，十一万页书可以使你成为一个学者了。"同学们，时间就像海绵里的水，只要你肯挤，总是还有的。

3. 高中生应读些什么书

师：这个时代，书海浩瀚，究竟读什么书，这个问题一直困扰着大家。

很多读书人都会给晚辈开出一系列的书单，也有的文化活动会推出"高中生必读书目"。但是，书海浩瀚，要择优而读。不同的国度，不同的学生，喜欢的书是不尽相同的。我在这里给大家推荐 8 本有趣又有价值的好书：

（1）思想类：《论语》

（这是一本关于修身、齐家、治国、平天下的必读经典。）

（2）传记类：《苏东坡传》（林语堂）

（这是一个值得我们去学习和膜拜的乐观旷达之人。）

（3）自然类：《物种起源》（达尔文）

（这是你必须了解的生物进化的过程和法则。）

（4）小说类：《平凡的世界》（路遥）

（你想了解你的父辈生活的时代吗？翻阅这本书吧！）

（5）诗词类：《给孩子的古诗词》（叶嘉莹）

（这是当今中国古典诗词讲坛影响最大、绝无仅有的叶嘉莹先生的凝心之作。）

（6）科普类：《七堂极简物理课》（卡洛·罗韦利）

（用诗一般简洁优美的语言，为我们打开了奇妙的物理世界，让我们得以窥见科学的深刻。）

（7）散文类：《文化苦旅》（余秋雨）

（这本书里，你也许可以寻找到一些文化密码。）

（8）心理学：《自控力》（凯利·麦格尼格尔）

（这是美国斯坦福大学非常受欢迎的心理学课程，我相信你一定能够从中找到你需要的东西。）

师：这 8 本书只是 8 粒阅读的种子，将它们播撒在你们的心间，我深信，由此而生发的东西是难以估量的。我希望高中时代的阅读，能开拓你们的视野，增长你们的才气，陶冶你们的心灵，培养你们的习惯，夯实你们精神的底子，为你们的人生积累宝贵的精神财富。

（**设计意图**：高中生的阅读，由于种种原因，容易被忽视，我们通过"要不要阅读""怎么安排时间阅读""读些什么书"三个关键问题来解答学生心中的困惑。在前两个环节里，教师也要了解学生最近的阅读情况。）

五、布置作业

师：每年 4 月 23 日是"世界读书日"，为了更好地推进读书活动，我们将在今年"世界读书日"开展"风景这边'读'好"读书活动。请同学们将你进入高中后最有收获的一本书推荐给大家，推荐语 100 字左右，我们将印发给全班同学。现在老师也写一段推荐语供大家参考（出示课件）。

（推荐作品：林语堂《苏东坡传》。苏东坡是一个乐天派，是悲天悯人的道德家，是新派的画家，是伟大的书法家，是心肠慈悲的法官，是月下的漫步者，是生性诙谐爱开玩笑的人。翻阅林语堂先生所写的《苏东坡传》，你一定会爱上这个难得的全才。）

（**设计意图**：借"世界读书日"，让学生推荐一本自己认可的书，有助于学生之间相互了解，相互借鉴，相互学习，相互成为阅读的榜样。每人推荐一本，学生的阅读书目就多了，从而让本节班会课的后续力凸显出来。）

六、总结全课

师：一位资深语文教师深有感触地说："中学阶段是人生最关键的读书时期，因为在这一段时光里，中学生有更多的可以专注的时间，他们没有因为生活和工作而浮躁。而且中学生还缺乏阅历，而书籍可以让他们间接地了解社会和人生，因此这个时候的阅读对于一个孩子的成长，特别是对于他人生观、价值观和世界观的形成会起到非常重要的作用。"同学们，让我们一起捧起书卷，真正地静下心来阅读，因为阅读是为了遇见更好的自己。

（**设计意图**：升华主题。提炼阅读的意义，并鼓励学生阅读。）

（本文为作者在第 12 届全国中小学班会课专题研讨现场会展示课教案，收入本书时做了修改。）

链接15

我们也追星（简案）

上海市奉贤区古华中学　吕小莉

【设计背景】

中共中央在《关于进一步加强和改进未成年人思想道德建设的若干意见》中明确指出，"要运用各种方式向未成年人宣传介绍古今中外的杰出人物、道德楷模和先进典型，激励他们崇尚先进、学习先进……为未成年人树立可亲、可信、可敬、可学的榜样，从榜样的感人事迹和优秀品质中受到鼓舞、汲取力量。"

然而现状是，青少年心目中多的是娱乐明星，少的是可亲、可敬、可学的人生榜样。我在班级开展了"你最喜欢的明星"调查，也发现：大部分同学喜欢歌坛影坛明星，同学们大多喜欢偶像的外貌和才华。八年级学生在生理发生变化的同时，心理也随之变化。"好奇""随波逐流"是他们最大的特点。这个年龄段属于价值观形成的重要时期，在人生的第一个"十字路口"，老师需要引导学生以健康的方式去追星，不仅要理智追星，而且要开阔视野，追寻学习科技界、文化界、教育界等为社会、为国家发展做出巨大贡献的明星般的人物。基于这种情况，我设计了本次主题班会。

【教育目标】

1.引导学生理智追星，不只是关注明星的外表、才华，更要关注明星的成长经历，思考明星的社会贡献，变盲目追星为理智追星。

2.引导学生向为社会、为国家发展做出巨大贡献的明星般的人物学习，将对他们的仰慕、尊敬化为学习与生活的动力。

【课前准备】

1.让学生写周记《我喜欢的明星》。

2.开展明星话题的小调查：让学生写出自己喜欢的三个明星，并说明喜欢的理由。

3.制作 PPT 和微视频等。

【课的过程】

一、畅谈心中的明星

1.请几名学生用简单的动作或语言描述自己偶像的特征，让同学们猜猜他是谁。

（**设计意图**：通过小游戏，调动学生的积极性，活跃气氛，然后引入本次班会。）

2.每名同学拿出课前老师发的心形的明星卡，填写明星卡，用一句话概括欣赏他的理由。

（**设计意图**：通过写话，了解学生喜欢明星的哪些方面。）

二、学会理智追星

1.追星案例分析

组织全班学生讨论案例中粉丝追星的行为，并思考自己是否有类似的经历，以及打算以后怎么做。

2.追星案例再分析

组织全班学生讨论案例中粉丝喜欢明星的理由。

（**设计意图**：将两个案例对比，让同学们在交流中能够用理性、辩证的思维方式看待追星现象，树立正确的偶像观，突出本次班会的主题。）

三、请追闪光的星

1. 出示我们班级追星的现状调查表（"学生喜欢的偶像的类型""学生喜欢偶像的哪些方面"）。

2.《名人知多少》知识小竞赛，介绍中央表彰改革开放 40 年改革先锋名单 100 人。

3. 观看自制视频了解袁隆平的事迹，请全班交流观后感想。

（**设计意图**：通过调查表让学生知道我们班级崇拜偶像的现状：大部分同学喜欢歌坛影坛明星；科技领域的明星几乎没有人喜欢；同学大多喜欢偶像的外貌和才华；很少有同学关注偶像的优秀品质……利用知识竞赛、观看视频激发学生积极寻找可敬、可学的榜样，争做优秀的中学生。）

四、让我们成为明日之星

大家畅谈自己的明星梦，并说说为圆梦之旅做了哪些准备，鼓励学生为成为明日之星而努力。

（**设计意图**：从榜样的感人事迹和优秀品质中受到鼓舞、汲取力量，让同学们努力挖掘自己身上的闪光点，塑造内在品质，成为未来之星。）

专家点评

写在这里的点评，不想仅就这篇班会课教案来进行点评，还想进一步强调写好、用好班会课简案的作用和意义。

班会课简案，顾名思义，就是要简洁明了，提纲挈领。一份好的班会课简案，便于执教者操作，便于听课者使用，便于校内外分享交流。吕老师的这篇教案基本达到了这些要求。

1. 便于上课者操作

执教者一定要明白"为什么要上这节课"，这从设计背景中找到答案，原来应做到"大处着眼""小处着手"；"这节课要达成什么目标"，目标的制定不要"大而空"，而要"小而实"。这节课紧扣两个教育目标，强调认知与行动。关于"这节课怎样上"，"课前准备"与"课的过程"做到了简明、扼要。

2.便于听课者使用

我在很多地方提过，上班会课公开课时应给听课老师每人发一份教案，便于他们对照、参考。听课老师可以在简案上做必要的批注。对照"教育目标"，观察本课是否实现了教育目标；阅读"设计意图"，对照课堂，思考环节设计是否合理。

3.便于校内外交流

上班会课公开课时，向听课老师提供班会课简案，是进行真诚交流的友好表达。评课时，有了简案，也会方便许多。很可惜的是，我曾到不少学校听班会课公开课，发教案的不多。关于原因，有的说来不及，有的说比较麻烦。我认为，班会课简案的准备时间并不需要很久，而且"熟"还能生"巧"。在本书的后面，我还将通过具体案例进行阐释。

◎点评：丁如许

【思考题】

1.你过去上班会课写教案吗？如果写，是简案还是详案？

2.你到现在为止撰写了多少篇班会课教案（详案和简案）？请分享你最满意的一篇教案。

第六章

全神贯注
来实施

写好了班会课的教案，做好了必要的准备后，我们就到了班会课的实施阶段。在具体上课时，我们需注意以下几个方面。

一、切实做好课前的准备

班会课基本在教室里进行。上课前，精心设计、巧妙布置的环境会使班会课锦上添花，起到积极的效果。

（一）黑板的布置

班主任一定要重视黑板的布置。黑板要能清楚地表现班会课的主题。现在，许多班主任会选择用 PPT 来呈现班会课的主题，但 PPT 每页的停留时间短，会随着课的推进而翻页，因此班主任还必须重视黑板的布置。

黑板是班会课的主景，班主任要指导学生在黑板上快速写好班会课的主题，如"我们十岁了""我与祖国共奋进""决战高考"等，在黑板上书写的时间控制在 10 分钟内，因为课间休息只有 10 分钟，一般情况下，班会课的课间准备时间也只有 10 分钟。而班主任如果能练就在黑板上快速写大字的本领，在关键时刻出手，一定能赢得学生的尊敬和欢迎。

当然，除了在黑板上写字，还可用喷绘法制作会标，贴到黑板上；也可采用剪字粘贴法；还可用浮雕类手工作品装饰。如召开"我为校园添春色"主题班会时，事先画好中国环境保护徽章，剪贴后粘贴到黑板上，效果也不错。

开班会课前，黑板一定要擦干净，保证学生聚焦班会课的话题。

现在许多班主任 PPT 做得很好，不太重视黑板布置，这是需要改进的。因为黑板布置不仅彰显班会课主题，而且对学生来说是很好的锻炼和学习的机会，是彰显才华的机会。当然，有些班会课不需要过早"亮题"，需要伴随着课的进程再"亮题"，甚至在课结束时才"揭题"，这种情况下，班主任可以不在黑板上事先写上班会课的主题。

（二）课桌的摆放

课桌的摆放应根据班会课的特点来安排，有利于创设课的氛围、便于课的推进。课桌可以摆成圆形、矩形，还可摆成 U 字形等。

课桌按照平时上课的位置摆放，适用于班级例会、专题讲座、主题教育式的主题班会。其特点是便于跟主讲人互动交流，例如邀请心理老师给学生做心理健康教育讲座，班主任开展不同主题的主题教育式班会课。

课桌摆成圆形或矩形适用于问题讨论。全班学生围成一大圈，则有利于开展班级大讨论，每个学生都面对他人，便于交流，也适合开展击鼓传花、"大风吹"等活动。

课桌摆成 U 字形适用于表演、展示，如迎新年的主题班会、小学三年级学生召开"我十岁了"主题班会或小学四年级学生为小学一年级学生做"我们在队旗下成长"主题班队会展示活动。

课桌的摆放并不是单一的，班主任可以根据需要调整，给学生适当的新鲜感，让课桌也成为我们上好班会课的辅助工具。

（三）教室的布置

当然教室里相应的环境布置衬托也不可少。物品摆放、音乐播放都需要精心设计，用心准备。从整体出发考虑效果，提倡就地取材，彰显环境的教育性。

将教室装扮一下，营造适宜的班会氛围。比如召开"昂首迈进新一年"主题班会，在玻璃窗上贴上窗花，在墙上挂上气球，在门上张贴对联，在日光灯上牵上彩带、挂上灯笼，年味就出来了。再如召开"我最喜欢的一本书"主题班会，可以将"我最喜欢的一本书"的简介陈列在教室四周，悬挂书法作品让墨香四溢，窗台上再摆放文竹、君子兰，宁静、安逸的读书氛围就出来了。

播放背景音乐也能为主题班会创设氛围。如："我是家长小助手"主题班会时播放《劳动最光荣》；"爱的同心圆"主题班会时播放音乐《感恩的心》《祝你平安》。优美动听的背景音乐渲染了课的氛围，增进了师生、同学之间的情感交流，某种意义上还节省了上课时间。

相对于小学主题班会以班主任为主导，中学班会课则应该让学生成为教室布置的主角。班会课应注意内容与形式的统一，要从实际出发，着眼于其教育作用，给学生创造一个良好的活动环境，使他们从这良好的氛围中受到激励，积极投入班会课。

二、全力推进课的实施

一切准备就绪后，班会课就开始了。

（一）主题教育式班会课的指导

主题教育式班会课通常由学生来主持。班主任事先要指导主持人写好主持稿。主持人来撰写主持稿，既可以熟悉班会课流程，又可以提出合理的建议。

考虑到学生学习紧张，我一直建议学生做主持人时一般不需要背诵主持词，但应流畅地诵读主持词。具体方法是多读几遍，同时准备一个精美的讲义夹，这样就能增强自信，做到胸有成竹。

主题教育式班会课开始时，班主任不要坐在教室的后面，应坐在离主持人不远的地方，相机对主持人做必要的提醒和指导。特别是活动进程如果较长，一定要适时调整，尽量不要拖课。而当活动进程特别顺利，主题班会可能提前结束时，班主任应做适当的补充，但不必有意拖延。适时结束后，如还有时间，可召开班级例会，处理班级的日常事务，也可以让学生做点作业。这是许多班主任常用的做法，但学校管理干部不太赞成。我认为从实际出发，我们已按计划完成了有关工作，没有必要"硬撑"，而班主任平时教育学生花费了不少时间，也算是个小小的补偿吧。

（二）主题教育课的倾情投入

如前所述，主题教育课（有人称为主题谈话课）因为易于操作、便于考评，越来越多地为一线班主任所推崇。因为它可以体现班主任的育德能力，所以也成为班主任基本功比赛时常选的课型。其实，我对这种说法不太赞成。我认为主题活动式班会课与主题教育式班会课是相辅相成的。班主任对这两种课型都应熟练掌握，而且在某种意义上，主题活动式班会课能让学生得到更多的锻炼，班主任也能更好地指导学生，而且更有意义。但现实生活中，主题教育式班会课聚焦班主任，班主任更容易出彩，而借班上课、送教下乡，这种课型又易于实施，所以近年来比较"受宠"。

要上好主题教育式班会课，班主任需要加强以下几个方面：

1. 立足教育，形式多样

顾名思义，主题教育课重在"教育"。主题教育课不仅要力求主题鲜明，而且要运用形式多样的教育手段，增强教育的针对性和实效性。实践证明，以下教育手段具有实效性：

（1）师生对话。我们要变"说教"为"对话"。要做好"对话"，首先应选择学生感兴趣的话题；其次，在姿态上，老师不能居高临下，而应平等地、和颜悦色地与学生互动交流。

班主任设计话题时要做到小、实、近，注意话题的递进性。如上海市甘泉外国语学校夏洁老师在上《四季有常，不可逾越》主题班会课时，开展了课前调查，选取了"什么是早恋？""老师和家长通常都反对孩子早恋，除了影响学习，早恋对学生还有哪些不利的影响？""遇到感情问题，如何正确处理？怎样与异性保持一种合适的距离？"等话题，层层递进，让学生有话可说。

班主任更要关注在主题教育课课堂上生成的话题。随机生成的话题需要老师引导。生成的话题有时比预设的话题更有讨论的必要。

（2）小组讨论。师生对话是老师与学生的交流，小组讨论则是生生对话，是学生自我教育的重要形式。现在许多班主任抱怨小组讨论处在"放羊"的状态，其实，**有效的小组讨论是需要训练和培养的**。

小组讨论的形式是多样的。可以是同桌两人一个小组，可以是四人一个小组。一般来说，同桌讨论的话题比较简单，四人小组的话题比较复杂。

在四人小组讨论时，班主任要明确谁是组长（当然也可以毛遂自荐），要指导组长和组员紧扣话题进行讨论，注意讨论的实效性。

在小组讨论时，我们提倡学生要做到"三学会"，即"学会发言（我要说什么），学会倾听（同学说了什么），学会补充（我还可以说什么）。"所谓"学会补充"，是指学生不仅要在小组讨论时思考是否要补充发言，而且在全班交流时，要认真倾听组长的发言是否到位、是否需要补充。这样的生生对话可以让学生有更多收获。

（3）情境（情景）思辨。情境（情景）思辨是体现道德认知的重要活动形式。班主任要巧设情境（情景），用文字题、图片题、图文结合题、录像等，引发学生思考、辨别，甚至辩论，从而调动学生参与的积极性。

（4）课堂活动。主题教育式班会课也可以开展课堂活动。这种课堂活动应简便易行，不需要学生事先做准备。比如"十秒拍手"、"做个

‘人’字给我看"、"生命进化"、竞猜书名等课堂活动都简便易行，可以寓教育于活动之中。

由于主题教育课以班主任讲授为主，因此班主任一定要制作好课件。课件文字要精练，图片要丰富，同时可以配视频、音频等材料来增强讲授的效果。

要注意选择视频材料，视频要贴近主题，可以做适当的剪辑，力求视频图像清楚、声音清晰。如果要自拍视频，建议多拍一点特写镜头。总之，一定要考虑视频的质量和播放的效果。

2. "三主"为主，互动交流

主题教育班会课上，班主任要担当起"三主"的重任，即做好主持、主讲、主导工作。

主持，是指班主任是主题教育班会课的主持人。作为主持，班主任要眼观六路，耳听八方——学生细小的反应，如皱眉、撇嘴、嘀咕、会心一笑等，都应该重视；作为主持，班主任还应起到穿针引线、承上启下的作用；作为主持，班主任要善于调节气氛，把握节奏，最后还要总结全课。

主讲，并不是说班主任一讲到底、包打全场，而是指班主任要精心设计，科学构建全课，上课时设计多环节互动活动，引导学生由浅入深、由表及里、由现象到本质地讨论、思辨、学习。在课的推进过程中，班主任或旁征博引、娓娓道来，或精准点拨、击中要害，或躬身反思、引发共鸣。总之，班主任要像知心朋友、像向导、像法官一样与学生充分交流。

主导，是指班主任要加强学习，研究班情，直面学生的学习生活，关注学生的困惑，走近学生，抓住学生存在的问题，给予积极的引导。如学生学习缺乏动力、存在心理障碍等，班主任应动之以情，晓之以理，导之以法，真正解决学生的实际问题，使学生有所触动、有所感悟、有所进步，进而将其内化为自己的行动，收到实效。

但"主导"不是"硬导"，不是"我说你就要听"，而是重在"引导"，以理服人，以语言的魅力打动学生，以人格的魅力感动学生。

主题教育课要走进学生心里，一定要体现师生的互动，组织学生积极参与讨论，让学生思想的火花迸发、碰撞、升华。

主题教育课虽然要做到"三主"，但要避免老师的"一言堂""独角戏"，可以用问卷调查、回答问题、小组讨论、情境思辨等形式调动学生的积极性，使班会课气氛活跃。根据实践经验，一节成功的主题教育式班会课至少应有三四次大的互动交流环节，才能把课堂氛围不断地推向高潮。

三、做好结束时的总结

班会课结束前，班主任都要做总结。但我们发现许多班主任的总结质量不高，公开的总结多是"照本宣科"，随堂课总结多是"随便说说"。其实，班会课结束前，班主任的总结应起到"收束全篇""画龙点睛"的作用。

班会课结束时，班主任的总结最好涉及三个方面的内容。

（一）对本课的成功之处予以积极的肯定

学生是班会课的主体。班主任要仔细观察他们在班会课上的表现，给予及时的肯定。比如，有些同学平时比较羞涩，但这次大胆"秀"出来，班主任要给予及时的表扬。这种及时的表扬会给学生前进的动力。

表扬时，班主任既要注意"点"上的表扬，又要注意"面"上的表扬。先"点"后"面"，点面结合。因为时间有限，班主任不可能表扬所有的同学，同时，班主任也不可能观察得非常仔细，但"面"上的表扬可以弥补这一不足之处。

在表扬时，班主任还可以介绍本课准备时的幕后故事。一节主题教育班会课，学生要做许多准备。适当地介绍本课准备的幕后故事，既吸引同学，又表扬了付出努力的同学。现在许多影视节目的宣传，都有幕后故事的花絮介绍来吸引观众。同样的道理，班会课准备过程中的幕后故事也会吸引学生，当然我们介绍的是无名英雄和成功的不易。

（二）对本课的不足之处做必要的指导

在班会课结束前，班主任既要充分肯定其成功之处，还要指出不足之处。对班会课中出现的问题作必要的指导。比如，有一次我的团队开《共建我家》主题班会，最后一个环节是同学们到黑板上将自己的心愿卡粘贴到一个心形图案内。由于是公开课，学生过于紧张，同学们没有听清楚主持人的话，结果心愿卡紧挨着贴，贴成了半圆，图案怪怪的。而班主任也未对这一现象做及时的指正。事后有好几位听课老师向我指出这一疏漏，我认为他们的指正很有必要。

然而，不少班主任在上公开课时，不愿提及本课的不足。我认为班主任应从学生的成长出发，敢于纠错。因为及时纠错能给学生留下深刻的印象，同时对本节课进行"修复"，对学生有积极的、多方面的影响，这样的班会课效果才是最佳的。

（三）提出今后努力的方向

我们认为，一节班会课只是学生成长过程中的一个点。今后怎样做，班主任应给学生必要的指导，提出具体的要求；如何更好地做，话不在多，而在精要；提要求时，班主任的话语要充满激情，富有感染力（如果能用排比句，效果会更好）。

以上三点内容，如何取舍，班主任应视时间而定。如果时间很紧，建议重点讲今后应努力的方向。这也提示我们，班会课应给班主任预留一点时间，不宜安排过多的活动，否则会显得时间紧促，显得机械、呆板，像是"赶场子"。

以上三点也提示班主任在班会课推进的过程中一定要注意观察，做好必要的记录。在推进过程中发现问题，对问题进行精彩到位的随机指导，反映了班主任的基本功。只要在实践中做个有心人，我们就能逐步适应班会课的环境，不断提高教育教学水平。

🔗 **链接16** --

怎样应对班会课上的意外情况

内蒙古自治区包头稀土高新区第一中学　郭美霞

在班会课进行过程中，有时会出现意料之外的情况，这些情况具有偶然性、突发性等特点，如何化解并处理这种情况，是对班主任教育智慧的考验。妥善地处理突发情况，不仅能使班主任和学生尽快摆脱窘境，保证班会课顺利进行，也能进一步提升班主任的魅力，增进师生关系。下面与大家分享我的思考。

一、不同答案，机智应对

在班会课进行的过程中，学生对老师提出问题的回答有时是不可预测的，会出现意料之外的答案，和老师的预设"大相径庭"。在这种情况下，班主任应沉着冷静，机智应对。

我曾看过这样一个课例。班主任在谈理想的班会课上问及学生的理想，通常学生都是回答要从事医生、军人、老师等职业。但有一次，一个孩子说："我的理想是当老板，可以挣很多很多钱，想干什么就干什么。"同学们听后，哄堂大笑，交头接耳。当今社会物欲横流，对孩子们的影响很大，他们认为当老板就能挣好多钱。这时，班主任说："当老板就一定能赚好多钱吗？现在许多老板挣到钱后，不思进取，家产败落的也很多，而且人生的意义绝不只是挣钱。当然老板当得好，确实可以挣很多钱。有的老板挣了钱，还不断地回报社会。你将来挣了钱，愿意给母校捐款吗？"孩子大声地说："愿意！"班主任立刻说："让我们为他鼓掌！"全班立刻响起了热烈的掌声。通过一段简单的对话，班主任运用教育的智慧，巧妙地应对了课堂上意外的回答。

在同样主题的一节班会课上，有个孩子因为家里遇到了很多困难，在班会课上表示啥也不想干，就想"躺平"。班主任没有埋怨，没有指责，而是告诉他当年自己家也遇到困难，但爸爸咬着牙带领大家走出了困境，并告诉这位学生：躺平绝不是办法，努力奋斗才有出路。课后班主任还走访了这个学生的家庭，与家长谈心交流，并向学校汇报，给了这个家庭必要的补助。

在班会课上，总有学生的回答"不合常规"，说明这样的孩子能从自己的实际需求出发，可以从不同的角度思考，并勇敢地发表看法。这时，班主任要尊重、理解学生，用发展的眼光看待学生，顺势引导学生，积极解决相关问题。

二、关爱学生，勇于担当

有时课上的意外情况是很偶然的，但蕴藏着宝贵的教育资源，这就需要班主任勇于担当，积极处置，生成新的教育资源，让课堂因意外而精彩。我就遇到过这种情况，印象非常深刻。

在一次，在班级常规总结的班会课上，体育委员正在评点上周同学们早操、课间操和体育课的情况，突然有同学举手，对我说："老师，我不舒服。"这个孩子患有心肌炎，身体一直不太好。听到他的话，我仔细一看，他竟然面色苍白，嘴唇发紫，身体在微微颤抖。我立刻让他服用平时吃的药，可是他一摸衣兜，发现当天竟忘记带药了。我马上请同学去办公室拿他的家长之前送来的备用药，让他服下，并提醒他深呼吸，放松。同时迅速联系其家长，让家长到校接孩子去医院做进一步的检查。原来当初家长告知我孩子的身体状况后，我就叮嘱家长一定让孩子随身携带药，并在我的办公室放了备用药。想不到关键时刻派了大用场。

家长把孩子接走后，我抓住这个机会，及时进行了应对突发事件的演练，让学生在真实的情境中体验，提升了学习力，掌握了生活技能。

三、加强预设，有备无患

为了减少课堂意外的发生，班主任更应加强事先的备课工作。在备课过程中，班主任要根据不同阶段学生的身心特点、已有的与话题有关的基础以及发展需求，做好充分的教学准备。同时，班主任平时要多走近学生，了解学生的动态，把握学生的脉搏。

准备班会课时，运用多媒体技术，如观看视频、图片等，可以提高学生的兴趣，开拓学生的视野，加强班主任与学生之间的互动与交流。有关多媒体的使用，班主任应在课前对课件进行试播，检查电源、音响、投影仪、屏幕、U盘、电脑等，确保它们在课堂上正常工作。要注意备份课件。如果出现视频无法播放等意外情况，也不要慌张，做好预案，即使没有多媒体的辅助，课堂教学也能够继续进行。

有时会有其他老师来听课，或是临时更换上课地点，上课环境的改变会影响学生的状态，班主任可以准备音乐、视频、笑话或故事来缓解学生的紧张心情。

作为班主任，要把握好班会课的主导权，注重课堂的生成，遇到突发状况和意外问题时，放平心态，随机应变，积极应对，正确引导，巧妙应对每一次突发的情况，甚至把"意外的事故"变成"有趣的故事"。

总之，突发情况的处理，是对班主任综合能力的检验和锻炼，班主任需要不断地总结经验，不断地学习提高。

🔗 **链接17** -

班主任在班会课中的角色

浙江松阳县职业中等专业学校　刘淑珍

班会课是班主任完成"立德树人"教育使命的大舞台，是班主任与学生交流沟通的主课堂。班主任在班会课中扮演着重要的角色。

班主任作为班级教育的具体实施者，他在班会课中的角色是多样的，可以是编剧、导演、主演、主持、配角、观众、剧务……当然都应该加个"好"字。

一、好编剧

一堂好的班会课必定有一个好的"剧本"，班主任应是班会课的好编剧。对于小学低年级来说，更是如此。班会课的"剧本"要因学段、学情而异，班主任要及时捕捉学生中存在的倾向性问题，思考良好的解决方法，编拟合适的剧本。如帮助小学低年级学生解决如何遵守课堂纪律、如何平衡作业与玩耍、如何解决与同学的矛盾冲突等问题；也可结合社会上的热门话题展开专题教育，如追星、拒绝网络烂梗等话题；还可结合节庆纪念日开展教育，如五月初五话端午、团团圆圆过中秋等等。编剧选题宜小、近、实，注意贴近孩子们的生活，采取孩子们喜欢的方式，如情景剧、相声、歌词改编等。无论编拟何种"剧本"，作为编剧，班主任平时要注意观察，勤于思考，编拟学生喜爱的剧本。当然，要成为好编剧，班主任还应该注意倾听学生的意见和建议。

对于中学生，特别是高中生，班主任应鼓励他们写剧本，学做小编剧。班主任还可以对学生编写的剧本进行改编。

二、好导演

班会课可以由班主任设计，也可以由学生设计，或师生共同设计。这时班主任还要努力成为好导演，对已编好的"剧本"进行任务分解和角色指导。班主任要做好哪些准备？要充分了解学生的情况，对课的推进做必要的预设，对每一个细节予以考虑；要事先布置，需要学生完成的事，要明确要求，并及时跟踪其进程；对重点发言的材料，班主任要事先过目，并对其进行必要的修改。有的班会需要主持人，班主任要做好主持人的选拔、培训等准备工作。如果有朗诵、舞蹈、合唱、小品表演等节目，也要事先做好审核和指导。好导演还需要出色的演员，因此无论什么主题、哪种形式的班会，都要充分动员班级全体成员参与，达到自我教育的目的。作为导演，班主任要相信学生的能力，大胆地放手让学生去做。作为导演，班主任要在幕后为学生提供自我展示的舞台。

三、好主演

班会课有多种类型，班级例会、主题教育课，班主任义不容辞，要担当主讲（主演）的角色。主演是需要学习的，班主任应增强学习意识，多读书，做好知识上的准备；虚心向优秀班主任学习，做好实践上的准备，在课堂实践中不断成长。

当然，在班会课开展活动时，学生是主角。不过，在活动进行或结束前，有时还需要班主任讲话，班主任一定要做好准备，扮演好自己的角色，再次发挥主讲（主演）的作用。

四、好主持

有时因教育活动的需要，班主任需要以主持人的身份主持班会课，可能是独挑大梁，也可能是师生合作。班主任要善于穿针引线，和学生交流思想，分析问题，解决问题，达成共识。特别是凭着对学情的熟悉，随机邀请"该发言的对象""最佳发言人物"发言，这样一定会带来惊喜，掀起阵阵小高潮。

有时，课堂设计的环节较多，无法按原定时间推进实施，班主任应善于"割舍"，或以"请五名同学用一句简短的话说说今天的感受"等巧妙的方式来收束课堂。

五、好配角

有时班会课的主角是学生，这时班主任要甘当配角。"红花还需绿叶的衬托"，如果没有配角的存在，主角就难以更好地展示自己的特点和才能。比如学生辩论赛时，班主任可以只扮演书记员的角色，把裁判主席的位置让给有才干的学生，配合他们更好地完成辩论赛，效果一定会更好。再比如介绍新制定的班级规章制度，应该让班长介绍，以树立班长和班委会的权威。

六、好观众

有时班会课上班主任还以观众的身份出现。坐在教室里，认真听学生的发言，有时给学生送上热烈的掌声，有时为学生送去鼓励的眼神，有时替学生送上热情的喝彩。不过，作为好观众，班主任要带头营造热烈的现场气氛，激发学生的上课热情。作为好观众，班主任要客观地找出本节课的亮点与不足，在课后及时与有关同学进行交流。

七、好剧务

班会课有时会有些需要准备的小道具，需要布置场地，班主任还要做好剧务工作。如果班会课对场地场景等有特别的要求，那么更应提前做好安排。道具的选择，实验器材的准备，许多准备工作是烦琐的，大大小小，方方面面，这就要求班主任要考虑周到、关注细节，同时要知人善任，把一些细碎的工作布置给学生，让学生去完成，使学生在班会课的准备过程中得到锻炼，提高能力。

总之，班主任在班会课中无论担当何种角色，都必须以学生为主体，充分发挥学生的主观能动性，发挥自身的主导作用。

【思考题】

1. 请分享您上班会课的经验、教训，也可以悄悄地告诉我们您上课时的趣事或糗事。

2. 您认为班主任在上班会课时还可以扮演什么角色？

第七章

积极研究
微班会

伴随着研究的不断深入，人们发现班级例会虽然有效，但如果总是简单重复"常规话题"，总是由班主任、班长、值日班长做点评，会有"老生常谈"的倦怠，而传统的主题班会因为准备时间长、实施时间长（一般要求上足课时），许多老师感到难以安排，出现了应付交差，甚至不了了之的情况。而伴随着现代信息技术的发展和以微博、微信为代表的"短、平、快"交流方式的出现，微班会应运而生，为许多学校、许多班主任所推崇。

微班会，即微型主题班会。我在长期的班主任工作中，一直主张班会课，特别是主题班会要变革。记得2013年我在主编《小学主题教育36课》时，对上海市晋元高级中学附属学校归颖婕老师的《小小雏鹰学自护》一课做点评时，就指出"这节课面向全国各地的班主任开课时，是用足了35分钟的（上海许多小学低年级课时长度都是35分钟）。我和老师们交流时指出，这节课我们可以在35分钟内一次上完，也可以分3次来上。具体建议是在处理完班级具体事务后（我称之为'班级例会'），我们可以安排时间来上班会课，一次话题为'校内安全'，一次话题为'居家安全'，一次话题为'避险安全'。每次10分钟左右。这样，班级例会与主题教育课相结合，时间得到了有效利用，增强了课程针对性和实效性。"2016年11月我带教上海市奉贤区古华中学班主任工作室，在与老师们的交流中，我们进一步了解了老师们上班会课的困难，特别是上主题班会课的困难，更主动、积极地开始了探索。

在思考的基础上，我率先开课。在做了必要的准备后，2016年12月27日，我在上海市奉贤区古华中学用40分钟的时间尝试上了4节微班会。我告诉老师们，平时我们只需要上1节或2节微班会，剩余的时间可以进行班级日常事务的处理。但因为是开课研讨，我愿意多上几节课，以便对其进行研究。应该说，我当时执教的《十秒拍手》《收获习惯》《我们爱读书》《软吸管与硬土豆》4节微班会让老师们眼前一亮，大家认为这不失为班会课的新课型，值得深入研究。

随后，2017 年 4 月 7 日，我在重庆市第十一学校举办的第 9 届全国中小学班会课专题研讨现场会做了 40 分钟上 4 节微班会的现场展示，得到了与会老师的高度赞誉。2018 年 4 月 28 日，我和上海市奉贤区古华中学班主任工作室的 3 位老师在第 11 届全国中小学班会课专题研讨现场会上先后上了"放飞梦想""追梦路上""坚持梦想""祝福梦圆" 4 节微班会，再次得到与会老师的高度赞誉。在以后举办的全国中小学班会课专题研讨现场会上，微班会成了大会必选展示项目。《德育报》《新班主任》《福建教育（德育）》《中国教师报》《教师报》等多家报刊先后刊载了我们的研究成果。而这时更多学校、更多老师也开展了微班会的研究，可谓"英雄所见略同"，大家都想到一起了。在这样的大趋势下，我们继续深入研究，对怎样上好微班会有了更清楚的认识，基本把握了其中的规律。

一、微班会的基本特点

微班会，是微型主题班会课的简称。实践中，我认识到微班会应具有以下特点：

（一）短：用时短暂，力求高效

我提倡的微班会时间为 10 分钟左右。强调 10 分钟左右的时间，符合现代快节奏的生活，符合中小学学生"10 分钟内注意力高度集中"的心理特点，符合我们对高效课堂的追求。师生们精心设计，积极实践，力求高效利用时间。

当然，有些老师提出微班会时长应为 20 分钟左右。对此，我认为可以百花齐放，百家争鸣。但不短不叫微班会，能短，要尽可能地短下来。短，是微班会与传统的主题班会课的主要区别。

有老师跟我说："我的主题班会课还是短不下来。"我认为，对此要具体分析，第一，我们应认识到，不是所有的选题都能用微班会上。像开学第一课、期中考试总结、学期结束表彰等选题就不适宜。第二，许多选题还是可以用微班会上的，我们需要研究，需要掌握有效的方法，把握其中的规律。

我们可以从高考作文中得到启发。高考作文常有大作文、小作文两类考题，大作文要求字数 800 字，小作文要求字数 200 字，小作文字数为大作文的 1/4。经验告诉我们，要想写好小作文，就必须：开门见山，直奔话题；聚焦话题，必要拓展；简要概括，有力总结。

我们由此想到，主题班会课 40 分钟，微班会 10 分钟。微班会时间为普通主题班会的 1/4。我们可以借助完成小作文的方法，来上好微班会。

我们在把握基本规律的基础上，呈现出精彩的班会课。俗话说，看菜吃饭，量体裁衣，我们要计时上课，要精心谋划，用心实践，高效利用时间。

通过这些年来的实践，我们对怎样让微班会"短"起来有了这样的思考：

1. **开门见山**。由于微班会有明确的时间要求，一定不要拖沓，要开门见山，直击话题。

2. **师生对话**。由于微班会有明确的时间要求，我们主张微班会一般不采取小组讨论的方法，而是采取师生直接对话。

3. **看讲结合**。由于微班会有明确的时间要求，我们建议在微班会上播放视频、展示图片时，教师应采取看讲结合的方法，学生看，教师做必要的讲析，以提高效率。

4. **结构精简**。"什么山上唱什么歌"，考虑到微班会的时间要求，我们建议班主任设计微班会时，结构不要复杂，要精简，一事一议。但精简不等于减少环节，而是要巧妙安排。

5. 做好课件。为了有效地利用时间，班主任一定要提前做好课件，剪辑好视频。课件无须特别精美，但重点内容、关键字可以标示，以突出重点。

这些年来，许多教师在全国中小学班会课专题研讨现场会上精彩的系列微班会展示，让来自全国各地的班主任真切地领悟到什么是微班会、微班会能不能"短"起来、能不能"精"起来。

（二）快：应变及时，快速行动

要确定微班会的选题，首先是要加强对班情的观察。班级存在哪些问题，教师应注意观察，及时发现问题，解决问题。还可根据学校工作的布置确定选题。如果班主任已准备好了班会课，但学校又有新的专题布置，这时班主任可以思考能否以微班会的形式加以实施，来迅速落实学校的工作要求。

记得有一年，我们向《德育报》编辑投寄了微班会稿件，稿件得到了编辑部的认同。但我们很快又接到《德育报》编辑部的紧急通知，该月班会课专版主题改为践行习近平总书记英雄情怀的专题。这样原先已准备好的稿件需全部调整。我的团队立刻行动，设计教案，上课实践，修改成文，三天时间迅速地完成任务，受到了编辑部的好评，也充分体现了微班会"因时而动""应变及时""快速行动"的特点。

（三）小：切入小巧，聚焦明确

由于时间的限制，微班会常常选择小微话题，一事一议，如教室卫生、课堂纪律、课间安全、同学相处、与家长关系等话题。与班主任的日常随机教育比，微班会有明确的主题，形式比较巧妙，交流比较深入，效果也会更好。

在研究中，我们认识到微班会也可以选择大的话题。但要巧妙切入，化大为小，逐步深入，以系列教育的形式推进。比如理想教育话题，我们可开展"放飞梦想""追梦路上""坚持梦想""祝福梦圆"等若干微班会。如前所述，2018 年 4 月在全国第 11 届中小学班会课专题研讨现场会上，我和上海市古华中学班主任工作室的 3 位老师以系列教育的形式展示了这样的研究成果，得到了与会老师的高度好评。

（四）灵：方法灵活，课时灵动

由于时间、话题等限制，微班会要取得良好的效果，就需要班主任在班会课的形式上多动脑筋。观看视频、讲述故事、开展活动、分享照片、进行对话等，是常用的有效方法。灵活、生动、又易于操作的方法有助于微班会的实施。

同时，因为只有 10 分钟的时间，微班会可以在班会课的时间内进行，也可以在晨会、午会、自修课的时间内进行，微班会具有机动性强的特点。

有教师称，微班会太短了，有时不能达到预期的效果。我认为，如果感觉太短，时间可以长一点，可以上成 20 分钟的中班会，甚至 40 分钟的大班会。但要说明的是，班会课能否取得效果，关键是其能否走进学生内心，拨动学生心弦。因此，班主任事先精心设计，临时巧妙应变，课后和学生真诚交流、积极改进，都很重要。

二、上好微班会的常用方法

实践中，我们总结、概括出上好微班会的 6 个常用方法。之所以是 6 个，是考虑到"大道至简"，有效的方法一定是不太复杂的，是可以较快掌握的。

（一）观看视频，交流感受

如今网上的视频资源相当丰富。视频集图像、文字、声音于一身，丰富的画面、精练的文字、跌宕的音响、变幻的光效，多种刺激使学生的大脑处于兴奋状态，具有信息量大、使人印象深刻、用时短的特点。

班主任要善于从网上下载视频，下载时要选择清晰度高的视频材料，有时要做必要的剪辑，使时间更紧凑，话题更突出。上课使用视频时，应巧用暂停，提出问题，设置悬念，引发关注。同时应根据视频做必要的补充、拓展，使上课的内容更加丰富。

自拍视频也是可行的方法。经验告诉我们，自拍视频时，应注意多拍特写镜头、近镜头，以增强效果。

我在带教上海市嘉定区苏民学校小学班主任工作坊时，发现教师喜欢邀请家长拍摄视频，但家长们拍摄的视频质量不高。于是我们写了一封"致家长"的信，提醒家长要注意的事项（其实也是教师拍摄视频时要注意的事项），获得了很好的效果。

这封信是这样写的：

致 家 长

尊敬的_____家长：

您好！

诚邀您为我班主题班会录制视频，本次班会主题是_____。

为提高视频录制质量，根据我们过往的拍摄经验，请您在拍摄过程中注意以下几点：

1. **事先拟好文字稿。** 可将文字稿发给教师看一看，以便进一步完善。

2. **拍摄时，请固定好手机（相机），保证画面的稳定，不抖动。** 建议采取横屏近景拍摄法，将人物置于画面的中央。

3.讲话声音响亮、吐字清楚。友情提示：您如果说话声音太小，同学们会听不清楚。

4.视频时长一般不超过2分钟。时间短一点没关系。

5.要注意背景的整洁。因为同学们对画面的观察是细致入微的。

衷心感谢您的支持！

（二）讲述故事，领悟道理

故事是岁月的沉淀，是智慧的结晶。班主任应成为故事大王，利用故事开展教育。

讲故事，要善于讲哲理故事，许多寓言故事、民间传说、童话故事，生动有趣，蕴含哲理，发人深思，时代在发展，故事在变化，故事可以给大家带来启发。

讲故事，还要善于讲人生故事。名人故事、同学故事、我的故事，都应该娓娓道来。我还特别主张班主任要讲好自己的成长故事。一是因为学生非常关注班主任，可以增强班主任自身的影响力；二是这样也有助于班主任有意加强自身的专业素养。

在这里分享讲好故事的"五个要"：声音要响亮，吐字要清楚，叙事要生动，神情要自若，语气要丰富。这"五个要"，班主任要加强自身训练，同时指导学生。

讲故事时还可以配图、配乐，分角色讲、接龙讲，故事新编、故事续写，方法多样，趣味无穷。

我们更要说的是，习近平总书记倡导要讲好中国故事。中国故事有许多是来自基层的故事：你的故事，我的故事，我们的故事。我们要带领学生积极实践，在实践中会形成、积累许多有价值的、值得分享的人生故事。这是师生共同成长的轨迹记录，是非常宝贵的精神财富，是上好微班会的宝贵素材。

（三）开展活动，分享体验

活动是学生最喜闻乐见的。精心设计的活动，学生积极参与其中，必然有直接的体验，有深刻的感悟。

我曾经读到一个课例《孩子，有你我不怕》，作者以"信任背摔"赢得了孩子们的信任、喜爱。我为班主任勇敢、率真的行动而感动，但这一活动具有一定的危险性，需切实做好安全工作，因此我不提倡这一活动。我倡导的是学生喜闻乐见，简便易行，操作性强，能让学生在体验中感悟、思考的活动。

近年来，全国各地微班会的研修活动越来越多。研修活动开阔了老师们的视野，一些好的活动，老师们也乐于学习、借鉴。但借鉴他人经验开展活动时，还要注意班级特点、学生的年龄特点，不要简单地拿来就用。由于时间和场地关系，微班会的活动设计更需关注细节。

（四）分享照片，开展对话

相比于视频，照片同样直观、形象，但操作更为方便。因此，班主任应善于利用照片，上好微班会。

照片首先来自网络。班主任要做个有心人，善于从海量的照片中发现好的照片，及时下载，或根据需要有意搜索。要选择画面清晰的照片。有时照片清晰度不够，我们可以用模糊图片搜索出同样的高清照片，效果会好很多。

班主任还可以自己拍摄照片。现在手机已普及，"随手拍"非常方便，而且随手拍的照片的时效性、针对性会更强。

（五）善用比喻，迁移智慧

生活中，人们喜欢用比喻，变陌生为熟悉，变深奥为生动，变抽象为具体，变繁复为简单。微班会，因为时间短暂，班主任如果善用比喻，就可以启迪智慧、打开思路、把学生不明白的道理讲清楚。

运用比喻时要注意：

1. **比喻需明确**。比喻要明确，本体和喻体要交代清楚，给学生搭好理解的支架，因势利导，达成教育目标。当然需要说明的是，任何比喻都可能是蹩脚的，取基本的共识很重要。运用比喻时，班主任到位的引导、点拨很重要。

2. **比喻要生动**。我们在上微班会时，要用生动的事物来阐明抽象的道理，来说明复杂的现象，这样能够激发学生的兴趣，使学生印象更深刻。比如有老师用电池的不同电量来说明生命的不同长度，就生动形象地阐述了要珍惜青春年华的道理。

3. **比喻要新颖**。令人耳目一新的比喻能紧紧抓住学生的注意力，达到意想不到的效果。微班会时间短，要想通过比喻较快地将其推进，需要班主任平时注意积累，激发新的创意。

比喻是一种有效的方式。班主任要勤于思考、善于积累，灵活运用比喻，缘事说理，使学生在轻松的氛围中明白道理，实现提升教育效果的目的。

（六）智慧对话，润泽心灵

在班主任工作中，对话是师生交流的重要方法。班主任更要善于在微班会中与学生展开对话。针对某一话题，明确地、真诚地表达自己的观点，与学生交流，引导学生成长。

采取对话的方式，有交流，有倾听，有指点，有要求。但过往的许多课例中，班主任的指点和要求偏多，还需加强倾听，加强交流。

对话时，班主任或历数往事，评点得失；或逐步演绎，晓以利害；或换位思考，将心比心；或热情寄语，激励前行。

有的班主任柔声细语，相信"春风化雨"；有的班主任激情张扬，喜欢"雷霆霹雳"。实践证明，"雷霆霹雳"有时也管用。因为明确的要求、强烈的情感，有时会有意想不到的效果。但更多的实践证明，"春风化雨"要多一点，"雷霆霹雳"要少一点，经常"打雷"，长此以往，效果并不好。

更重要的是，班主任要打磨自己的话语，力求精练，能够直抵学生心灵，引领学生成长，使其成为学生喜欢的金句。如：

其实世界上本没有优秀，"装"的次数多了，时间久了，也就真的优秀了。

——黎素君《优秀是"装"出来的》

前进的路并非坦途。把脚印留在崎岖的路上，虽然辛苦，但它是一场磨砺心志的前行；不要把脚印踩歪，而要把脚印稳稳地留在前进的道路上。我们的每一个脚印都算数！

——卢文婷《每一个脚印都算数》

实践中，以上6种方法可以单独运用，也可以综合运用，特别是师生对话，经常与其他方法结合运用。只要坚持研究，就能变无为有，化难为易，推陈出新，演绎出无限的精彩。

三、写好微班会教育故事

在微班会的课堂实践中，这些年来我们一直倡导一种文体：微班会教育故事。因为我们发现教育故事比教案更生动灵活，可读性更强，更受老师们的欢迎。

顾名思义，微班会教育故事应有三个特点："微班会""教育""故事"。"微班会"应做到"短"（不短不是微班会）、"快"（应变及时，快速行动）、"小"（切入小巧）、"灵"（方法灵活）；"教育"应对学生有帮助，对其他老师有启发；"故事"应具体、生动，可读性强。

实践中，我们认识到，作为微班会的教育故事，要体现教育故事的以下特点：

（一）体现故事性

作为教育故事，其故事性表现在：

1. **叙事清楚**。介绍微班会的起因、经过。因为篇幅有限，起因不要太长，简要介绍即可。

（1）发现班级存在的问题。

"小帅，暑假去哪儿玩呀？"

"咱们家乡有什么好玩的？"

"我只知道西湾。"

我走进教室，正好听见孩子们在讨论暑假的活动。我不禁思考：孩子们对于家乡的概念是模糊的，对家乡的自然风光、物产和人文恐怕都未认真地观察、思考过。我应该让孩子们在暑假深入了解自己的家乡。心里有了主意，便着手准备召开一个微班会。

（摘编自浙江省平阳新纪元学校钱婷婷《请到我的家乡来》）

（2）体现教育要求。

"池塘边的榕树上，知了在声声叫着夏天。操场边的秋千上，只有蝴蝶停在上面……"校园的广播里循环播放着《童年》这首歌曲，预示着暑假就要来了。

随着夏天的来临，中小学生溺水事故进入了高发期。根据学校工作安排，为了保护孩子们的生命安全，增强孩子们对防溺水知识的认知，增强学生珍爱生命的意识，我决定在放假前开展一场名为"孩子，你不是一条鱼"的微班会。

（摘编自浙江省上海新纪元武义双语学校谢瑞蕾
《孩子，你不是一条鱼》）

（3）经过是故事的重点，叙事应具体。

一走进教室，就看到小何身着西装，打着领结，穿着黑色皮鞋，与班上一群穿短袖 T 恤的男孩形成强烈反差。我笑着问他："怎么今天穿得这么正式？是要出席什么重要场合吗？"他腼腆地笑笑，没有回答。

有个男孩悄悄告诉我，小何想给大家表演"黑人抬棺"。这个经常不按常理出牌的小何居然想表演"黑人抬棺"！不过，既然孩子们对此比较关注，何不以此为契机，为孩子们上一堂关于生命教育的微班会呢？

准备就绪后，我首先请小何等几个同学为大家表演"黑人抬棺"，配上魔幻的电音，他们的舞步就开始了。教室里的孩子看着他们抬着小黑板（棺材）扭动着，高兴地鼓掌、跺脚。这几个男孩都是学校男子舞蹈队的，跳起来煞有介事的样子引来同学们一阵阵笑声。

表演完毕，我问大家："你们知道这个舞蹈的来历吗？"

孩子们都摇摇头。他们只是把这个舞蹈当作搞笑的动作，并没有了解过背后的故事，也没有思考过其中的深意。

于是，我从舞蹈背后的故事讲起：这个舞蹈来自非洲国家加纳。加纳人认为葬礼是人生新的开始，死亡是人生命的一部分，逝者在另一个世界会见到自己的祖先，生命又会以另一种形式开始。人们举办这样的葬礼时会雇用专业的抬棺者。他们穿着时髦，舞步轻快、变化多样，整个葬礼气氛不像我们过去了解的葬礼，而是像节日一样欢快。这是当地的风俗，人们希望通过轻快的舞步来安慰失去亲人的人，希望他们不要过度悲伤。

"你们是怎样看待生命与死亡的呢？"我又问道。

"死亡对于每一个人来说，都是不可避免的。但是，因为有死亡，我们才懂得生命的珍贵，生命只有一次，我们要过好每一天。"晨曦说。

垚垚接着说："生命的长度也许是固定的，但是，我们可以拓展生命的宽度，让每一天都过得很精彩，那样，就算死亡到来，我们也没有遗憾。"

"《天蓝色的彼岸》这本书告诉我们死亡意味着和这个世界说再见，和我们所爱的人和事说再见，那么，在我们活着的时候就应该和他们好好相处，珍惜每一天。"小侯联系四年级共读的书补充说。

"我想到了《寻梦环游记》中关于死亡的看法：死亡并不是生命的终点，遗忘才是。我的奶奶虽然离我们而去了，但是，她还一直活在我心中。"小刘受到了启发，联系电影谈了自己的看法。

"大家对生命和死亡有了新的思考，说要拓宽生命的宽度，要过好每一天，珍惜每一天。那落实到行动上，又该怎样做呢？"我问道。

"我最近常和爸爸妈妈闹别扭，有时说话挺伤人的，我打算从今天开始，和他们说话时不用反问句，语气平和地交流，珍惜幸福时光。"

"过去我常常觉得学习一会儿就很辛苦，其实，我们能够在家中、在学校安心学习，都离不开太多太多的人为我们负重前行，我要努力学习，不愧对他们的付出。"

"是啊，生死从来都是不由人选的，但我们对待生死的态度是可以选的。无论我们选择用欢笑还是泪水和逝者告别，无论我们举行葬礼是为了给逝者体面，还是为了给生者慰藉，葬礼的本质，其实是对生命的反思：光阴有限、人生无常，自己也终有离开的一天，所以才需要更加珍惜自己的人生，珍惜生命里出现的亲人、朋友。"我最后做了总结。

（摘编自四川省成都市双流区实验小学李琴《"黑人抬棺"的思考》）

需要注意的是，因微班会时间较短，有时可以看到即时效果，有时可能看不到即时效果，因此不必刻意追求即时效果。

2.叙事生动。因为是故事，所以虽然按照上课的顺序推进，但情节仍要有点波澜，"文似看山不喜平"。文笔要力求生动，吸引读者。

"怎么会是 7 月 1 日考试？不是说 7 月 20 日吗？"

"七、八年级的考试不是在中考之后吗？怎么比中考还早两周？"

"就是，七、八年级的考试从来没在中考之前。"

孩子们突然听到期末考试的通知，一个个的"疑问句与反问句"也排解不了他们因紧张而变得焦躁的心。

想想也是。上网课时心有余而力不足，返校后又慢热不急，结果返校一个多月就要期末考试，而且比原定的考试时间大大提前了，别说孩子们，就连我自己也因为时间紧张而变得急躁。

孩子们不能急躁，我更不能急躁，一周的时间看似很短，但如果能静下心来复习，还是能够做很多的事。考试，不仅考知识，也考心态。

为了调节孩子们的心态，我放了一段短视频："……珍惜缘分，抢抓机遇，经过我给他一改呀，有的是人间枭雄，有的考上名牌学校，最差的也得了中国福利彩票。搞得好了也是我的骄傲，不会跟你一样就晓得闷着脑壳笑，10 块钱算个命，从此你就走大运，保你财源广进，一帆风顺，不然你呀，继续生活贫困，孤独苦闷，也没得哪个去问……"

看完视频后，我明显地感受到孩子们变得轻松了。"孩子们，有没有谁愿意上来，让我给你的期末考试算上一卦？"

"算卦？"孩子们愣了几秒，随即课堂的氛围一下子变得火热起来。

"对，就是算卦。不过我是语文老师，那就来测字。我这里有41张纸，你们不是41个人嘛，你们可以上来随意地写下一个字，我来预测一下你期末考试的吉凶！"

小杭是第一个上来的，他明显带着兴奋的气息，少了一份沉稳。他一上来就潇洒地抓起笔，写下了他大名中的那个"杭"字。

我打开展台，投影出那个"杭"字，字太"潇洒"了，看起来像一个"坑"。

"你五行有木，生生不息，预示着你的未来是进无止境，但你把木字旁写成了一个土字旁，你会因为自己的随意、浮躁、不严谨而给自己挖一个坑，所以这几天你必须静下心来，方可渡劫成功。"

小杭一听，小脸一红，但随即又长吐一口气，立刻在自己的本子上重新写起名字来。

来自丰都的小甘第二个上来，他期待中带着忐忑，工工整整地也写下了他的姓。

"这个'甘'纵横交错，相当于一个网。钉钉的一网情深，差点把你一网打尽，你彷徨、无助、倔强、不甘。俊宇，不，甘俊宇，归来依旧是王者，数学的人生坐标已标好，英语的时态是现在进行时。学校三日，丰都阿甘当刮目相看。这个'甘'字非常工整，就像一张已经晒好的网，你可以自信而从容地把期末考试所有的学科一网打尽！"

一心只把心思扑在篮球上的小良一脸不自信地上来写了一个"球"字。

"拍你，是为了让你进圈套，这就是篮球的'球'字，左边一个王，右边一个追求的求，意思是说在最后这一周里，一方面你要忘了球，另一方面你要专注、静心地忘我追求。"

很快，10分钟悄然过去，班上还有30多个孩子没有上来测字，但孩子们的热情未减半分。

我把我手中 30 多张纸分发给班里还没来得及上来的孩子们，让他们写上一个字。在他们写好字之后，我郑重其事地收上来，放入我事先准备好的一个签筒里。

"亲爱的孩子们，我以前考试的时候，总会掏一枚硬币，给自己一个心理暗示，如果是正面，我就会考试很顺利。可硬币总有反面的时候，每到这时，我就会钻到桌子下边，看着桌子上硬币所在的位置，告诉自己，看到的就是正面，于是我挺开心地去复习了，最后考试下来也很顺利。后来我发现我根本不必钻到桌子下边，因为考试前只要心静就可以了……"

班会很快结束了。晚自习课上，孩子们一个个到我这里，听我测字。我为他们抽取出属于他们的上上签。随着我的解签，他们的心也变得安静，抓紧时间迎接期末考试的到来。

（摘编自重庆市涪陵外国语学校黄波《抽个上上签》）

这篇文章很生动。在期末考试消息突然公布时，黄老师面对学生躁动的心态，利用语文老师的学科特长，更利用班主任对学生的了解、熟悉，巧妙地测字，积极地引导，还介绍了自己的考前心态调整的小趣事。整个课堂妙趣横生，给我们带来许多启示。

（二）体现教育性

作为班主任开展班级工作的重要途径，落实"立德树人"使命的重要担当，微班会要体现教育性，首先要对学生有教育意义，寓教育于课程推进之中，同时其他老师读后要有启发、有帮助。

昨晚收到小慧妈妈的信息，说小慧的同桌小智暴露隐私部位给她看。

看到信息的瞬间，我有点蒙，之前听说过这样的事情，但发生在自己班里还是第一次。我安抚好小慧妈妈，并告诉她明天我了解一下具体情况再说，然后我开始思考小智这么做的原因。

记得弗洛伊德曾把孩子从出生到青春期分为五个阶段，其中一个阶段叫性器期，3 到 6 岁，就会有这个方面的表现，我们班的孩子正处在这个阶段的末期。其次，如今孩子们的营养都太好了，会引起性腺提前分泌，而做出一些和年龄不太相符的事情。这两方面都是生理方面的原因。还有，现在孩子们能够得到的信息太多，难免去模仿。这需要引起我们的重视，不能再只是盯着孩子的卷面成绩了。

隐约中想起家里有一本专门写这个问题的绘本：《男生女生》。翻箱倒柜找了出来后，我随即赶制课件，考虑明天怎么和孩子们交流。

第二天晨会，我早早地来到教室。等孩子们到齐后，我说："今天到了我们轮换座位的时间了，大家去自己的新座位吧。"

这是他们非常乐意做的一件事，我们大人也有这个经验，屋里的家具调换一下位置，就会有新鲜感。这样小慧和小智正好分开，一个换到了教室的南边，一个换到了教室的北边。

等他们坐定下来，我貌似无意地问道："公共厕所为什么都是并排挨着两个？"

"一个是男生去的，一个是女生去的。"他们不假思索地说。我心里窃喜，很好，正是我想要的回答。我接着又问："那为什么要分开上厕所，男生和女生有什么不一样呢？"

孩子们七嘴八舌地说了很多，其中有个孩子说："因为女生穿裙子。"这应该是他的观察吧。

听了他们的回答，我说："你们说得很棒，老师这里还有一个比较好玩的回答，你们要不要听一下？"孩子们纷纷举起手表示要听。

随着我做出安静的手势，教室的多媒体大屏上缓缓浮现出一个小男生背对着大家尿尿的画面，旁边一个小女生的脸上露出了无比惊讶的表情。同学们哄堂大笑。

我没有说话，极短的时间他们又安静了下来。随着课件一页一页地展开，我告诉他们，从他们还在妈妈肚子里时，谁是男生，谁是女生，就已经决定好了。也就是这个时候就决定了男生和女生以后要去不同的厕所，有不同的上厕所的方式。男生、女生除了外貌和穿衣服的不同，其实，身体也是有很多不一样的地方的。随着慢慢地长大，男生、女生的身上会出现不同的生理现象，比如男孩子会长胡子和喉结，而女孩子的胸部越来越像妈妈。如果发现自己身体有变化，要及时告诉爸爸妈妈或者老师，每个人长大都会有这个过程，不用不好意思。

看着他们一会儿偷笑，一会儿瞪大眼睛，一会儿眯起眼睛，一会儿又张大了嘴巴的样子，我知道他们应该是理解了一些。在这个过程中，我不时地观察着小智，他并没有特别扭捏，也没有低头或者发呆的羞愧感。看到他这样我也放心了一些。

当大屏幕定格在小男生和小女生的泳装图片时，我告诉孩子们：小男生和小女生这些泳衣遮盖的地方是要自己保护好的，不能让别人看，更不能让别人碰。如果有人对你做出了这些动作，一定要告诉爸爸妈妈或老师。

随后的几天，我观察过小智，他并没有什么特别的表现，依旧和同学们说说笑笑，看来那次的事是一次无意识的举动。

后来我特意在班级家长群里和大家说起了这个年龄段的孩子生理、心理上会有哪些变化，并向家长们推荐了那个绘本。大家各抒己见，以前看过这个绘本的家长也强烈推荐大家一定再看一下。当然我还是非常感谢小慧的妈妈，没有直接去找小智的家长，也没有说会让小慧紧张的话。我们一起把这个可能的问题悄悄地化解了。两个孩子也许会忘了发生过这件事。当然，若干年后，回想起这件芝麻大的小事，他们也许会会心一笑。

（摘编自山东省潍坊新纪元学校冯姗姗《我是女生，你是男生》）

（三）认真修改微班会教育故事

对写好微班会的教育故事，我们有这样的认识：

好课是上出来的！

好课是写出来的！

好课是改出来的！

好课是上出来的，是说实践的重要性，上课是前提。好课是写出来的，是说写作的重要性，上完课以后，必须写作，写作记录实践，写作促进思考。而好课是改出来的，在某种意义上更重要，因为必要的修改才能为课程锦上添花，给人留下深刻的印象。

修改时要注意文章的篇幅，1500字左右的篇幅可以将微班会的过程清楚地呈现出来，不要过长，也不要太短。而且，如果文章被教育杂志选用，这样的篇幅也正好占一个版面，便于编排。

修改时要注意文章的立意、表达的生动、用词的准确。另外，还要注意两点：

1. 完善班主任的指导

人非圣贤，总有疏漏之处。微班会时间比较短，在短暂的时间里，有些问题可能思之不准、思之不深，没有说到点子上，班主任可以事后补救。抽一个时间与学生再交流，告诉学生自己新的思考、新的认识，并将其写到文章中。

请看《请为家居添神笔》（上海市嘉定区苏民学校　卢宜园）原稿结尾处：

"说得太好了，所以呀，要想画得更加得心应手，我们还得多学习，努力提升画画水平；多观察，提高审美情趣。要想使得家中这道风景线更加亮丽，除了画简笔画，还可以——"

"我们还可以画油画。""书法作品也可以。"

自己创作的作品，无论是何种形式，都是独一无二的。画如其人、字如其人，如果能有主动学习的意识，在生活中学习，在学习中成长，那么，这幅作品就不仅仅能美化家居环境，更能激励我们进步。

再看《请为家居添神笔》改稿结尾处：

"说得太好了，所以呀，要想画得更加得心应手，我们还得多学习，努力提升画画水平；多观察，提高审美情趣。要想使得家中这道风景线更加亮丽，除了画简笔画，还可以——"

"还可以画油画。""书法作品也可以。"*同学们豁然开朗。*

"自己创作的作品，无论是何种形式，都是独一无二的。画如其人、字如其人，如果能有主动学习的意识，在生活中学习，在学习中成长，那么，这幅作品就不仅仅能美化家居环境，更能激励我们进步。"*我兴奋地总结道，"我为家居添神笔，祝愿同学们的家更美好！"*

斜体字为改动之处。寥寥几笔，便使文章脉络更清晰，同时扣题点题，最后的祝愿更显得温暖、有情怀。

2. 注意表达的准确、生动

《心里有火，眼里有光》（四川省广元外国语学校　张婷婷）初稿：

同学们拿着笔，沉思起来。而我则顺势在教室后面的黑板上用彩色粉笔画了一个圈，写上"我想要的人生，我追求的未来"，要求同学们写完了之后贴上去。

> 我想要的人生，
>
> 永远满怀希望，
>
> 永远心潮激荡，
>
> 永远保持初心，
>
> 荣辱不惊，优雅从容。

平时爱开玩笑的小赵同学在后黑板前停下了脚步，转过身来一脸真诚和羡慕："张老师，大家都好有想法啊！"我笑道："你呢？你想要怎样的人生？"

他脸一红："我就是不知道怎么写……我不知道如何表达。"

…………

这时我看到有的同学摊开了手掌，又握紧了手掌。我再看全班同学，一个个仰起头，挺起胸。

再看经过指导后的《眼里有光，心里有火》定稿：

同学们拿着笔，沉思起来。而我则顺势在教室后面的黑板上用彩色粉笔画了一个圈，写上"我想要的人生，我追求的未来"，要求同学们写完了之后贴上去。*说着我贴上了我自己写的便利贴：*

> 我想要的人生，
>
> 永远满怀希望，

永远心潮激荡，

永远保持初心，

荣辱不惊，优雅从容。

*陆续有同学贴上了便利贴。*平时爱开玩笑的小赵同学在后黑板前停下了脚步，转过身来一脸真诚和羡慕："张老师，大家都好有想法啊！"我笑道："你呢？你想要怎样的人生？"

他脸一红："我就是不知道怎么写……我不知道如何表达。"

…………

这时我看到有的同学摊开了手掌，又握紧了手掌。我再看全班同学，一个个仰起头，挺起胸，*正是眼里有光、心里有火的模样。*

斜体字为改动之处。细细体味，可以看出，稍作修改就不一样了。这里要强调的是，我们一般修改的是教者的话，因为作者自己好把握，如果需要修改学生的话，**一要在"再实践"后修改，二要征求学生的意见，确认后再行修改。**

修改的过程是反思的过程，是争取做得更好的过程。"文章不厌百回改"，在修改中我们会不断提高。

实践中，我们还认识到，如果加强预设，就会使课堂紧凑、高效，就会减少不必要的"再实践"，因此我们也一再强调**"好课是设计出来的"**，事先的设计、构想很重要。

实践出真知。在实践中，成功与失败都是宝贵的经验。我们要以试错者和先行者的心态和勇气开展积极的实践。不断地总结经验，改进方法，就会使我们的课堂更加高效，使微班会教育故事有更扎实的写作基础，也有更高的分享价值。

（四）加强微班会教育故事的点评分享

在实践中，我们还认识到要加强微班会教育故事的点评交流。撰写微班会教育故事是上课老师的积极实践；对微班会、对微班会教育故事进行点评，则是听课老师对微班会研究的积极参与、扎实推进和有效深入。

基于微班会"短、快、小、灵"的特点，我们主张微班会的点评可采取微点评的方式，选好角度，以生动的语言进行精准的点评，以期共同提高。而这样的点评，其他老师可以在观课的同时在微信群内交流分享，增强其即时性、有效性。

🔗 链接18 --

放 飞 梦 想

丁如许

上课铃响了。

我首先问孩子们："同学们，我们到学校学习已经一个多学期了。学校美丽的校园、生动的课堂、丰富的活动，都给我们留下了深刻的印象。老师想问问你们，你们将来想做什么？你们的理想是什么？来，今天这节课，我们先来说说自己未来的梦想。"

我就近询问小文同学。她告诉我，她想做老师。

"为什么想做老师？"我追问道。

"因为老师能传授知识。"她大声地回答。

"非常好！"我又问小刚同学将来的理想是什么。小刚同学告诉我，他想做医生。因为医生可以救死扶伤。

在课堂的互动交流中，十多位同学谈了他们的理想。当然也有几位同学表示还没有好好思考未来要做什么。

"同学们，刚才听了大家的发言，我发现不少同学对将来做什么有了比较明确的想法，有些同学还没有明确的想法。"我顿了顿说，"在初中阶段，我们应该有个小小的愿望，应该有个明确的目标，思考将来想做什么。在刚才的交流中，有同学想当工程师，有同学想当教师，有同学想当医生，有同学想当军人，有同学想开网店当店主……这些想法都是非常好的。"

我打开课件，感慨地说："同学们，初中是人生成长的重要阶段，这时我们应该有一个梦想，思考将来想做什么。同时，我们不仅要思考将来要做什么这一职业理想，还要思考将来想要把它做得怎么样。这些真的很重要。"

说着，我在投影屏上放映出一个 13 岁少年的照片，我告诉同学们："这是一位和你们年龄相仿的少年的照片。你们猜猜，他是谁？"

同学们有点愣住了。一时猜不出照片上的人是谁。

我笑着说："我在许多地方上课时，同学们有的说猜不出，有的猜测对象也具有地域特点。比如，我在长沙讲课，有同学猜他是雷锋；在天津讲课，有同学猜他是周恩来；在北京讲课，有同学猜他是毛泽东。你们猜的都是伟人啊！"

我故作停顿："他是谁呢？他就是我，就是你们面前的丁老师。"话音刚落，全场一片惊讶声。

投影上出现了我现在讲课的照片。"这是我当年和你们年龄相仿时的照片。在我年少时，我也有着一个美好的梦想。想知道老师年少时的梦想吗？"

同学们大声回应："想！"

"我年少时的梦想，是成为恐龙学家。霸王龙、梁龙、三角龙，我对恐龙世界充满了好奇，充满了向往，但是我最终没有实现年少时的梦想。后来，我做了教师。我想，做教师其实也很好。我们可以和学生一起学习，一起成长。这是一张当年的老照片。"我又放映出了一张照片，"你看当年的教室课桌简陋，墙壁斑驳。就在这样的条件下，我和学生一起开始了梦的启航。"

"我想，在学校工作中，班会课对学生的成长很重要。我和学生一起设计、开展了许多精彩的活动，通过班会课来布置，来推进，来落实这些活动。我做教师已经30多年了。30多年来，我和学生们一起对班会课做了深入的研究，我们有一个共同的想法：打造魅力班会课。'打造魅力班会课'如今已成为很多学校和老师共同的追求。我要告诉你们，一件事情，只要努力去做，就可以做得非常棒。我们不断加强研究，我和我的团队先后出版了30多本书，在全国产生了广泛的影响。魅力微班会是我们新的研究课题。我想告诉大家的是，为梦想而努力，梦想就会开花。"我和同学们分享了自己的人生体会。

"同学们，今天在我们团队里，我们鼓励老师们要勇于描绘自己明天的梦想，为梦想而打拼。这是古华中学一个年轻的班主任的名片。"我放映出一张名片，"名片上红色的字是她明天的梦想，'区优秀班主任''中学高级教师'，荣誉称号和职称反映了她对工作成绩的期待。为了明天的梦想，她积极参加班主任工作室的研究，上课、研课、写作、汇报都取得了不错的成绩。"同学们好奇地看着这张名片，思考着其中的含义。

"名片是当今社会交往的重要工具。当然，今天可能更多的是使用电子名片。这个老师的名片反映了她对未来的向往，反映了她的追求。"我边说边布置起了作业，"今天我要布置一个作业，请你们用心制作一张个性化的名片，展示自己的职业理想与事业理想。比如投影中这位年轻班主任的名片，在哪个单位工作，是她的职业理想；在这个单位要达到什么目标，想要获得哪些荣誉称号、职称，则是事业理想的表现形式。"

我发现同学们在认真思考。于是问道："这样的作业能做好吗？"

"能！"同学们大声回答。

"好！"我赞许地点了点头，说道："这里需要说明的是，现在我们是在初中学习；将来到了高中，会有职业生涯规划教育；考上了大学，会选择不同的专业；走上社会，又会有不同的岗位选择。将来许多同学的职业理想也许会有改变，这很正常。但事业理想的种子应扎根在我们的心里。做一件事，就一定要把它做好，这将成为我们的行动，成为我们的追求。让我们怀揣梦想，带着梦想去远航！"

🔗 **链接19** --

坚 持 梦 想

上海市奉贤区古华中学 吴丰洪

"同学们，老师最近看到一张图片很感动，想和你们分享一下。"我笑吟吟地在投影屏上放映出一张图片，"前段时间，习近平总书记考察海南。在海南杂交水稻培育基地，有一位长者一直陪同着他，大家看！他是谁？"

"袁隆平！"同学们异口同声地说。

"对，就是袁隆平院士。说起他，大家都有所了解。袁隆平被誉为'杂交水稻之父'，他在杂交水稻研究领域的成就非常大。那么他为什么会取得如此大的成功呢？请大家观看袁隆平院士的生平故事，相信会给你们启发。"

投影屏上映现出袁隆平院士的故事：袁隆平年轻时就有个"禾下乘凉梦"，并为之进行了坚持不懈的努力。从20世纪60年代、70年代、80年代、90年代到21世纪……袁隆平一步一个脚印，坚持不懈，屡创佳绩。短片很快播放完，我问道："大家观看得很认真，那么请你们思考：袁隆平院士为什么能获得成功？"

张以诺说："袁隆平的成功在于他一生都在研究。"

黄贤中说："就是坚持梦想，一心一意。"

朱哲琪说："袁隆平很值得我们学习，他一生都坚持自己的梦想，并为之努力。"

李畅也说道："袁隆平一辈子都在努力做好一件事，这种持之以恒的精神很伟大。"

"大家说得很好。"我说，"老师为你们总结一下，袁隆平院士能获得成功，原因有很多，其中很重要的一点是坚持不懈。袁隆平院士志在让亿万人民吃饱饭，这样的梦想是伟大的，也是有难度的，但是他却用一生来坚持，来实现。还记得在之前的班会课上，大家也展示了自己缤纷的梦想，那时的你们，对梦想是那么憧憬、那么向往。请问现在的你，是否在实现梦想的路上有所松懈了呢？"

课堂又安静下来，但很快黄贤中就举起了手。他说："我现在上课容易走神，控制不住自己。"

我笑着说："你很棒，敢于第一个站起来说自己的不足之处，是勇敢的孩子！"

其他同学按捺不住了，纷纷举手发言。

"老师，我做作业总是应付，成绩老上不去。""我每一次下定决心好好学习，但遇到困难就泄气了。""我上课常打瞌睡是因为晚上玩手机、打游戏……"

"同学们敢于直面自己，反省自己，这是好事情，我们只有勇敢地认清现状，才能重整旗鼓。那么应该如何坚持梦想？"我又问大家。

一直没有发言的张怡毅说："要坚持，不能轻易放弃。"

滕志涛涨红了脸，站了起来说："我要远离手机，重新开始。"

王思源小声地说："我要给自己每天定一个小目标并实现它，积少成多。"他刚说完，大家都笑了起来。这个小目标有意思。

李瑶接着说："我要从小事做起，珍惜学习时间，不急不躁。"

"同学们说得很好。关于坚持梦想，我想强调三点：一、明确目标，牢记自己的梦想。袁隆平院士就是常想着"禾下乘凉梦"。二、改进方法。在实现梦想的路上，要不断尝试改进方法。学习的路上，我们肯定会遇到困难，面对困难，我们要动脑筋，想办法，总结经验，不断改进。三、持之以恒。最重要的是，我们要相信自己，坚持梦想，不怕困难和失败，持之以恒。"

同学们默默地听着，眼神里多了几分坚定。

我趁机告诉孩子们："说到坚持，我们班主任工作室团队也在坚持做一件事。在讨论设计本课时，工作室导师丁老师提议给袁隆平院士写一封信，希望能得到袁隆平院士的亲笔题词，让我们聆听袁隆平院士的教诲，给大家以鼓励和支持，来传承他的精神。于是我开始了行动。我非常感谢丁老师，他积极地帮我出主意、查资料、打电话、发邮件，不断努力，坚持不懈，终于，我们收到了袁隆平院士的题词。"说到这里，我用投影播放了工作室寄出的信件、微信联系的截图，最后当袁隆平院士的题词"坚持梦想，不懈追求"出现在大屏幕上时，学生们情不自禁地鼓起掌。掌声非常响亮，非常热烈。我知道，这是对他们最好的鼓励！

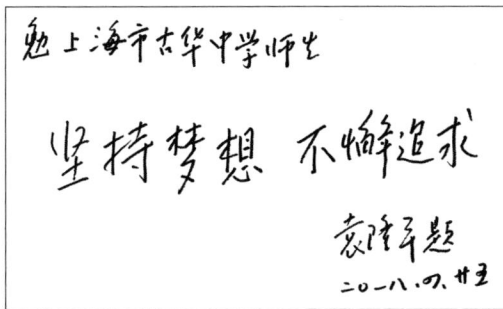

赠上海市古华中学师生

坚持梦想 不懈追求

袁隆平题

二〇一八.〇七.廿五

"我想这是袁隆平院士对我们古华中学师生的勉励，也是对全国中小学师生的勉励。我们将牢记袁隆平院士的嘱托，坚持梦想，不懈追求！"我非常激动地和同学们共勉，"同学们，梦想是美好的，也是遥远的，但是我们要去追梦。在实现梦想的路上，我们要明确目标，改进方法，坚持不懈。让我们继续携手前行！"

链接20 --

"梦想教育"系列微班会的现场点评

百闻不如一见，百见不如体验。亲耳聆听和感受古华中学班主任工作室系列微班会展示，尤其是看到《坚持梦想》一课中袁隆平院士的亲笔签名回复，当时的感受是震撼的！全场也是频频举起手机争相拍照，留住惊喜的瞬间。单纯说教固然重要，但看到吴丰洪老师给袁隆平院士写的诚挚关心学生的一封信，丁如许老师坚持不懈的联系和不断努力的微信截屏，在场的学生和老师实实在在地看到了坚持梦想的起因、经过和收获，这比千言万语的说教更令人印象深刻。所以微班会时间虽短，同样可以震撼人心，关键在于构思与研究。

——辽宁省大连铁路卫生学校　严葵花

放飞梦想，追梦路上，坚持梦想，祝福圆梦！四个微班会环环紧扣，合在一起是完整的一个梦想教育班会，切分开来是一个个看似独立的环节。10分钟的微班会，虽是不同的老师上课，却又是一个联系紧密的整体，衔接自然流畅。

——广东省佛山市高明区荷城中学　严丽芬

四节不同而又连贯的课，紧扣学段，从不同角度，遵循事情发展规律，步步深挖，巧妙引导，让孩子梦想之火从点亮到燃烧起来，巧妙用心！让不同老师用不同方式进行精彩呈现，为丁老师的引领和古华中学优秀教师团队在微班会研究上的努力而喝彩！感动，感谢！

——四川省德阳市第五中学　王星

梦想的产生、明确到最后圆梦的过程，是一个孩子内心佛性显现并不断生长的过程。面对很多的诱惑，也就是魔性的打扰，孩子在不断克服的过程中不断长大！几位老师的不断引导，让学生内心的梦想种子不断发芽，值得学习！

——北京市第八中学京西附属小学　张晨梦

非常感谢丁老师团队给我们带来这场别开生面的系列微班会。从最开始的筑梦，到后面的追梦，再到坚持，最后如愿圆梦，每一位老师都以自己的人生经历一下子拉近了与孩子们的距离，让孩子们的思维动起来，实现了老师启动、学生主动、师生互动的有机结合，为微班会注入了灵魂。

——重庆市中山外国语学校　刘颖

"梦想教育"系列微班会，短、快、小、灵。微班会确实是我们班主任教育学生的一种好方式，我们受益匪浅，感谢丁老师的团队。

——山西省平遥现代工程技术学校　孟兆成

立梦、追梦、坚持、圆梦，四位老师引领的班会课内容环环相扣，新颖别致。在班主任工作之路上，我们更应该"怀揣梦想，砥砺前行"！这样的微班会课，值得学习和借鉴。感谢四位老师带来的精神大餐！

——浙江省三门县健跳镇中心小学　孙情红

孩子正是最爱做梦的年纪，你我正是逐梦的年华。放飞梦想，美好向往；追梦路上，风景绚烂；坚持梦想，持之以恒；祝福梦圆，不忘初心。逐梦路上，你我同行。一起努力，圆梦你我。风雨同舟，携手前行。遇见你们真好！班主任的梦，我们共同的梦！

——温州永嘉　戏精小分队

（以上内容摘编自第11届全国中小学班会课专题研讨现场会会议微信群。）

🔗 链接21 ⸺⸺⸺⸺⸺⸺⸺⸺⸺⸺⸺⸺⸺⸺⸺⸺⸺

怎样写好微班会教育故事的话题讨论

丁如许

近年来，上好班会课成为许多学校、许多班主任研究的热门课题，微班会更是为大家所关注。微班会，就是微型主题班会，以"短、平、快"的方式受到一线班主任的欢迎。而交流微班会的优秀课例、分享上好课的成功经验，也成为研究的热点。

实践中，分享微班会的教育故事为许多班主任所喜欢，而怎样写好微班会的教育故事也为许多班主任所关注。

2022年11月25日，我借腾讯会议与成都市双流区名班主任李琴工作室的全体成员进行了网络交流。我做了《认真实践上好课，用心修改成文章》的发言，并对老师们会前提出的如何写好微班会教育故事的问题，逐一做了解答，供更多的老师参考。

李融双（成都市双流区棠湖中学实验学校）：要突出微班会故事的"新"，除了从社会热点、新闻事件中寻找新意，还可以从哪些角度挖掘呢？

丁如许：微班会的"新"，既表现在"因时而动""我为时代鼓与呼""紧扣时代脉搏"的"新"，也体现在班级新活动、新做法的"新"。

微班会的"新"，不仅可以是选题的"新"，也可以是形式的"新"、语言的"新"、细节的"新"等。

闫佳慧（成都信息工程大学常乐实验学校）：如何达到既抓取微班会过程中亮眼的点，又做到写生动、写具体的要求？

丁如许：抓取微班会过程中亮眼的点和写生动、写具体的要求不矛盾。因为点要"亮眼"，常常要借助生动具体的描写来体现，而生动具体的描写有助于突出"亮眼"的点。

闫佳慧（成都信息工程大学常乐实验学校）：微班会教育故事和微班会课程实录的区别在哪里？一不小心就容易写多了，想删除又感觉每一环都很需要。

丁如许：微班会教育故事和微班会课堂实录是两个不同的文体。

教育故事是"故事"，是"过去发生的事"，可以在真实故事的基础上做必要的修改（修改是基于对后来的真实故事的改进）；课堂实录是"实录"，应忠实于课堂。形式上也有所不同：教育故事以记叙、描写为主，辅以议论；实录应是记叙为主，辅以必要的说明。

写文章当详略得当。一般来说，课时在10分钟左右，文章可以控制在1500字左右。

何晓敏（四川大学西航港实验小学）：在微班会故事当中，是否要涉及学生对活动的评价，即微班会是否成功呢？

丁如许：因为微班会时间短，我主张不要过于强调活动的效果。但成功的教育必然在教育的过程中就彰显其效果，它有时比较明显，有时可能不是特别明显，但在记叙中可以体现出来。不过为了避免其功利性，同时也尊重微班会"细水长流""久久为功"的特点，我还是主张不要过于强调"成功"。

严雪（成都市双流区实验小学）：微班会故事需不需要在文本中体现出学生的收获或者成长呢？我主要的困惑还是在内容的选择上，总觉得每个环节都想写，但是都写了又会显得很啰唆。

丁如许：学生的收获或成长是必然要在微班会教育故事的叙写中体现的。

微班会教育故事有字数的限制是基于多方面的考虑：报刊版面的要求，读者阅读的习惯，教育故事的特点，等等。

写作时必须要注意取舍，牢记"凤头、猪肚、豹尾"原则。

邱梦益（成都信息工程大学红樱实验学校）：在写微班会故事时，对于其内容结构是否有一些基本的要求？主要是要突出哪一个部分的叙写比较能打动人，并且还能达到语言简洁、结构紧凑的效果呢？

丁如许：我们刚强调了"凤头、猪肚、豹尾"，这是结构的基本要求。

微班会，如何推进"会"是重点。"会"，我们强调师生交流、师生对话。想要将对话写得精彩，就要注意场面描写，以及神态、心理、动作等描写。

王丽（成都市双流区实验小学）：微班会故事到底是要新意，还是要常态？新意似乎不可能经常有，那么常态呢？

丁如许：微班会教育故事，我们既要"有新意"，又要是"常态"的。既"有新意"又能"常态"操作，才具有推广价值、分享价值。特别是从文章能否发表的角度看，"有新意"又能"常态"操作的微班会教育故事，才能得到编辑、读者的青睐。

但我们开微班会，不仅仅为了发表文章，而且要解决班级问题，促进学生发展，故"常态"是贯穿微班会始终的。

杜小艳（成都市双流区实验小学外国语学校）：我的困惑是微班会的选材，总觉得我们真实的微班会都是一些芝麻绿豆大的事，感觉似乎没什么好写的。

丁如许：微班会的选题，思路要开阔。要学会"十面来风"。其中"下接地气""上接天线"与"灵机一动""有备而来"，都是有效的方法。武义、谢瑞蕾两位老师的实践可以给我们不少启发。

借用罗丹的名言"生活中不是缺少美，而是缺少发现美的眼睛"，"小中见大""平中出奇"，都需要历练。

袁微（成都市双流区迎春小学）：目前我们上的微班会大多数是以老师提出问题、学生讨论、教师总结的形式进行，形式较为单一，还有没有其他新颖的、能让学生更感兴趣的形式呢？

丁如许：微班会的形式应该多样。看视频、讲故事、搞活动、做游戏，都是有效方法。微班会时间较短，我不主张采取学生分组讨论的形式，那是在"放羊"。我主张师生对话，更主张形式多样，且富于变化。这方面，许多老师正在提供越来越多的精彩的教育故事。

付金玉（成都市双流区九江小学）：微班会教育故事怎样去抓住一个题材，做到小而精，同时真正对孩子起到一定的教育作用呢？

丁如许：班主任在上微班会时，要尽可能深挖所用题材。比如《新龟兔赛跑》，当兔子遇到大河阻挡，无法过河时，乌龟给予其帮助，"驮"兔子过河，兔子深受感动。当他人遇到困难时，自己能否挺身而出、别人帮助自己后是否该回报等问题都可以讨论。好的故事能引起共鸣、产生共情，对孩子具有启发、引导和帮助作用。

李洁（成都信息工程大学红樱实验学校）：平时我们的午会或早会，基本上都是围绕班级突发的安全问题、同学间的矛盾，或者班级中出现的普遍问题来开展的。在撰写微班会故事时，这样的选题很难凸显出其推广价值。

丁如许：这里需要说明一下，在午会、早会的时间，可能会开展微班会，也可能没有微班会。我认为，微班会，微而有"谓"，有特定的定义。作为微型主题班会，必须围绕主题，常用六大方法来推进。利用午会、早会举行的班会，最常见的应是班级例会。

如果用心设计，积极实践，微班会就会呈现许多精彩内容，具有推广价值。但一篇文章不是只有发表了才有推广价值，推广的形式也是多样的，比如同伴交流、学校汇报、教育团队展示等。

李洁（成都信息工程大学红樱实验学校）：在写微班会教育故事时，感觉基本上都是师生间的问答，很难出彩。怎样才能将故事写得精彩生动呢？

丁如许：要想写得生动，首先要做得生动。课的形式不只是师生对话，但师生对话也可以写生动，比如儒家经典《论语》，生动、精练，发人深省。

要将师生对话写生动，要有金句，要注意说话人的位置、语气，可加强场面描写、心理、神态、动作等描写。

卢心月（成都市双流区西航港小学）：如何引入易操作的活动，让孩子们在10分钟的课堂微班会中既能思想"动"起来又能身体"动"起来？

丁如许：寓教育于活动之中。活动是许多班主任喜欢用的方法，我将其特点概括为"喜闻乐见""重在体验""易于操作"。如果只是"易于操作"，还是不够的。如果活动能引起学生的兴趣，调动他们参与的积极性，就能让他们"心动"，进而"行动"起来。"重在体验"有助于增强活动的效果。在此基础上，我还主张活动要"形式多变"，多变的形式也有助于吸引学生参加。实践证明，学生参与面越广，效果越好。因此，还要注意扩大学生的参与面、参与度。

【思考题】

1. 在你的班会课实践中，你上过微班会吗？让微班会短下来，你认为还有哪些好的做法？

2. 我们倡导"打造魅力微班会"，但班会课是否都应改成微班会？你赞成都改成微班会的做法吗？为什么？

第八章

不断精进
求创新

要上好班会课，必须不断研究，不断创新。班会课的选题、结构要创新，形式也要不断创新。创新可以激发学生的兴趣，调动学生参与的积极性，增强课的魅力，收到良好的效果。作为班主任，在思考班会课的创新时，应注意：

一、学习生活中的新形式

生活像万花筒，值得细细观赏；生活是百科全书，值得慢慢阅读；生活是大课堂，值得好好学习。要上好班会课，班主任要做一个有心人，留心生活，学习生活中的新形式，巧妙地加以借鉴，运用。

电视、电影以其画面生动形象、传播迅速而为学生喜闻乐见。许多情节生动新颖的电影、电视在学生观看时就深深地吸引着他们，打动着他们，震撼着他们。如果我们能把他们在电视机前、荧屏前为之激动的场景变成生活中的真实再现，对他们来说是非常高兴、非常期盼的事。电影、电视中不少精彩的活动，像辩论、演讲、游艺、综艺、学科智力竞赛等，易于模仿。我们要做有心人，要善于学习。如可以在组织学生话题讨论时，模拟中央电视台的《实话实说》；在开展班级文娱联欢时，模拟湖南电视台的《快乐大本营》。这些节目形式学生都喜闻乐见，充满向往，能在教室"秀一把"，他们会非常开心。

浙江平阳新纪元学校的林俊老师也曾介绍他向电视节目学习，从而让班会课变得生动活泼的经验。他说，《星光大道》是学生喜闻乐见的节目形式，他结合班级开展的班级之星评比活动，推出了"一周之星""一月之星"同台竞赛的形式，要求参评同学在班会课上进行述职活动，然后由全体同学投票产生优胜者。选举班干部时，他在班会课上搭建竞赛舞台，让竞选者像"超女""快男"那样竞赛，在充分展示学生能力的同时，也让学生们给自己心中的人选投票，激发他们参与班会课的积极性。树立学习典型时，他借用《艺术人生》的形式，由学生做主持人，对优秀同学进行访谈，在问答中让其他同学感受同龄人不懈的追求、辛勤的努力和汗水；对班级中存在的不良现象，他借用《焦点访谈》的形式让学生们认识到班级存在的问题；学生获得荣誉时，他借用《感动中国》的形式，为他们写颁奖词，并且将他们的照片贴到班级荣誉墙上。他还组织学生们观看电视专题片，如一年一度的《感动中国》《中国骄傲》等栏目，和他们共同聆听一个个感人至深的故事，一起品味言简意赅的颁奖词，聆听真诚淳朴的获奖感言，让学生收获一次次的感动，接受一次次心灵的洗礼，让学生的思维宽度和广度在这个过程中得到提升。

我自己在研究微班会时，看到《中国诗词大会》中"飞花令"的形式很有趣，便把它用到《走进春天》一课中，孩子们饶有兴趣地参加，你来我往，互不相让，掀起了一个个小高潮，取得了非常好的效果。

如今由于多方面的影响，老师、学生看电影、看电视比以前少多了。但我们把从电影、电视中获得的灵感用于班会课还是非常有用的。

而生活中处处留心"皆学问"。现在许多街头广告做得很好，很有吸引力，一下子就能抓住过往行人的眼球。如"聽"（"听"的繁体字）字的构图解析，"诚信"两字"讠／言"与"成人"关系的演绎，都给了我启发，我将其用于班会课，收到了非常好的效果。

二、运用创造学的方法进行创新

说起创造学，有些老师感到这离我们较远，其实创造学并不神秘，其基本方法就是"移一移""加一加""变一变""做一做"。而在班会课中运用创造学的方法进行创新，可以是大的变革，如微班会的实施、班会课校本课程的设计、实践，也可以是小的变革，些许改变都是有价值的，都是创新的体现和追求。

"移一移"，我们可将生活中看到的、听到的好做法，直接移植到本班。比如将电视台举办的"最佳主持人评选""飞花令"活动移植到班会课中。

"加一加"，我们可在大家常开展的班会课活动中增加新的环节、新的亮点。如新年联欢会时，我们可以增加"时光老人赠送金钥匙"的环节，神奇的金钥匙、时光老人特定的身份会使学生终生难忘。

"变一变"，我们可以取他人做法的精华，并加以变化。如小学里有一个颇受学生欢迎的活动"看图说话"。我借鉴这一做法，将"看图说话"变为"看图赛歌"。"看画赛歌"分为必唱画与抢唱画两项内容。必唱画事先贴在教室里，让学生们充分酝酿；抢唱画则要"保密"，留待比赛时亮出。活动先进行必唱画的比赛。分小组唱（全班都参与）、创新形式唱（要求不高，只要有别于小组唱均可，鼓励学生创新）、最佳歌手唱（因为是比赛，要扬学生所长）等环节，然后在班会课还剩8分钟时，亮出抢唱画，进行抢唱画的比赛。最后在全班拉歌声中，统计结果，评出优胜者。

"做一做"，我们要勇于实践，敢为天下先。我一直鼓励我工作室的学员要做先行者，要做试错者。其实，许多"做"都是在学习的基础上完成的，与"移""加""变"有着密切的关系。但大家一起"移""加""变"，不断"移""加""变"，"做"就变得精彩了，创新也就不断出现了。

三、学习优秀班主任的成功经验

我国地域广阔，学校众多，许多的优秀班主任在自己的岗位上用他们的智慧给我们留下许多精彩之作。"亏他们想得出""亏他们做得这么好"，这是我从心底发出的赞叹。无论是课的选题、课的立意、课的整体设计还是课的细节安排，我们均可借鉴。

让我非常高兴的是，这些年来，许多班主任工作专家、优秀班主任出版了众多的班会课书籍，我们可以认真地读一读。

感谢华东师范大学出版社的大力支持，我主编了"魅力班会课系列丛书"。目前已出版 11 本，包括"方法论"的《打造魅力班会课》、"对策集"的《班会课 100 问》、"案例卷"的《魅力班会课（小学卷）》《魅力班会课（初中卷）》《魅力班会课（高中卷）》《魅力班会课（中职校卷）》、"教案选"的《小学主题教育 36 课》《初中主题教育 36 课》《高中主题教育 28 课》和"故事汇"的《魅力微班会》《创新微班会》，各具特色。作为主编，我认为这套丛书操作性强、覆盖面广，班主任可以各取所需。

感谢长江文艺出版社的大力支持，我主编了"班会课，就是要解决问题"丛书。目前已出版两本：《班会课，就是要解决问题（小学卷）》《班会课，就是要解决问题（初中卷）》。这套书首次将主题班会按时长分为微班会、中班会和大班会。这为班主任灵活、机动、因时制宜、因话题定班会时长提供了思路，提供了实践的例证，提供了可行的方案。

感谢湖南人民出版社的大力支持，我主编了《上好微班会的 36 招》。这本书以"招数加课例"的写法为班主任支招。"从招数中学思路""从话题中学方法""从课例中学操作"，36 个招数、55 个话题、64 篇课例，帮助班主任拓展思路，提供佐证，得到了一线班主任的好评。

在这些书的编写过程中，我得到了全国各地许多班主任的大力支持，大家积极参加编书。蕴藏着全国班主任心血和智慧的这些书顺利出版后，许多学校"人手一册"，将其作为班主任培训用书。许多班主任"时常翻翻"，将它作为案头常用书。

这些书中，郑丹娜的《我是小学生啦》、张佶的《诚实守信伴我行》、蒋自立的《二十年后再相会》、李鹏的《坚持路上有风光》、杨兵的《不要平庸地生活》、杨武的《这里风景"读"好》、杨蓓蕾的《走进春天》等许多文章成为班主任培训的"经典案例"。这些书也成为班主任喜欢的"指导用书"。我在带教工作室学员时，鼓励大家要充分利用这些书，在他人实践的基础上，取他人之长，扬自己之长，把班会课上得更好。

而本校优秀班主任的经验更值得学习。因为相同背景下的成功经验更具有操作价值。

四、鼓励学生进行创新

在班会课上，在班级活动中，学生是主体。我们应鼓励他们进行创新。事实上，他们都会有令人惊喜的表现。

如我指导开展"为母校争光的人们"与校友通信活动，原先设计的是与校史室中光荣榜上的著名校友通信。但不少学生认为自己还不熟悉那些著名校友，他们想与自己身边熟悉的普通校友通信，尽管他们的成绩不一定优异。这一建议合情合理，我们采纳了。活动中，学生与自己熟悉的身边的普通校友通信，校友也积极回信，谈自己的人生感悟，勉励学生在平凡的岗位上建功立业。这些普通校友的积极回信，也避免了杰出校友因工作忙不回信而学生苦苦等待的尴尬，也使我们更关注和鼓励学生在平凡的岗位上默默奉献。班会课上的汇报交流收到了非常好的效果。

再如我在指导学生开展"我最喜爱的一句格言"交流活动时，主持人提出，不要只是介绍格言。既然大家都有很多喜爱的格言，对格言有一定的了解，那么可以安排"格言竞猜"这个小节目。我认为他的创意不错，实践下来效果也很好。结果，这个 5 分钟左右的小节目便成了今后班会课开展这一活动时的"保留节目"。

总之，学生的积极参与和创造能使班会课充满生气。

🔗 链接22

花开宜有时

浙江省杭州高级中学启成学校 周秀娟

【设计背景】

初中学生易于感情用事，因为他们的身体、心理皆未发育成熟，容易跟着感觉走，不会多角度地理性地分析问题。这个阶段的学生对异性也充满了好奇，对来自异性的感情充满期待，他们一方面战战兢兢，担心来自周围的压力，另一方面难以把持自我，做事容易不计后果。

著名教育家陶行知先生曾对中学生说："每个人，无论男女，到了一定年龄，是要谈恋爱的。但是，恋爱如树上的果子，只有熟了才好吃。人也像果子，有了学问，会做工作，就好比果子熟了。那时才有能力得到真正的幸福。"可见，青春期的初中生一定要处理好学业、爱情、时间等各方面的关系，以促使自己更加健康地成长。

【教育目标】

1. 学会分析早恋可能给中学生带来的负面影响甚至危害。

2. 使学生认识到花开有时，爱情亦有时，学会在人生的重要时段抓主要目标。

3. 在处理男女同学关系时，多一份理性，并找到健康合理的情感疏导方式。

【课前准备】

1. 准备好他和她的爱情故事（简笔画呈现，两个版本）。

2. 制作好课件。

【课的过程】

一、图片导入，激发学生的兴趣

教师首先用 PPT 展示 6 张图片。

图片 1：课堂上，老师在讲台上讲课，他一手撑着头一边想着周末带着她去哪里玩儿……

图片 2：课堂上，他和她心无旁骛，都在认真听课……

图片 3：课堂上，老师在讲台上讲课，她悄悄望着发呆的他……

图片 4：下课后，他为她辅导数学，她为他辅导英语，他们一起进步……

图片 5：考试前，他和她正在随心所欲、走马观花地复习……

图片 6：考试中，他和她气定神闲，信心满满，从容答卷……

师：同学们，PPT 上 6 张图反映的是两个版本的早恋故事，一种是幻想版，一种是现实版。请大家说一说：哪三张图片讲述的是幻想版早恋故事？哪三张图片讲述的是现实版早恋故事？

（预设：学生回答图2、图4、图6讲述的是幻想版爱情故事。他是一名初中生，她也是一名初中生，他们是一对早恋小情侣。上课时，他们的脑子里只有学习，没有任何私心杂念。下课后，他给她辅导数学，她给他讲解英语，彼此都有提升。考场上，他和她气定神闲、从容不迫地答题……图1、图3、图5讲述的是现实版爱情故事。他是一名初中生，她也是一名初中生，他们是一对早恋小情侣。上课时，他满脑子都是她，想着周末去哪里玩儿、吃什么；她满脑子也都是他，想着下课聊些什么。考试前，他和她发现落下的知识点有很多，只能走马观花地复习……）

（**设计意图**：老师给出 6 张图片让学生自由组合，形成合理的故事。

一方面增添了游戏感，激发了学生兴趣；另一方面让学生从两个方向去左右故事的发展方向，学生在组合的过程中，也会感受到早恋如果处理不好，会对两个人造成伤害。）

二、续创故事，陈述早恋危害

师：请同学们尽情发挥想象，讲述现实版故事中他和她后来可能发生的故事。

（预设：学生可能这样讲述——后来，纸包不住火，同学们发现了他和她的秘密，开始起哄，搞恶作剧，说他们的闲话；再后来，事情传到了老师那里，老师严厉地批评了他们，并给他们分析了早恋的种种弊端；家长也知道了这件事情，双方家长都很震惊，万万没想到在这样的关键阶段，自己的孩子竟然早恋了，他们十分愤怒，坚决反对；他和她的成绩也直线下滑；学校领导也知道了这件事……）

师：请同学们根据他和她的故事，说一说初中生早恋处理不当的影响或危害。

（预设：学生可能这样分析——早恋浪费了大量宝贵的学习时间；形成两个人的内耗；造成周围人对当事人的负面评价；让个人失去希望，让两个家庭失去希望；辜负了学校的培养，辜负了国家的培养；严重者会留下心理阴影，影响今后的人生；等等。）

师（总结，PPT 出示文字）：早恋处理不当的危害——浪费时间，耗费精力，影响学习，影响人生。

（设计意图：基于学生对早恋危害的已有认知，让学生发挥想象续创故事，基本按照比较糟糕的方向在发展。这恰恰是现实中早恋的结局。）

三、演示实验，把握人生"大石头"

师：同学们，作为学生，我们什么时候可以谈恋爱呢？这里有一个实验（一边讲一边准备演示）人生犹如一个广口瓶，现在我先将石头放进去，你们看，满了吗？（将广口瓶放在桌上后，放满大石头）瓶子满了吗？

（预设：学生回答"满了"。）

师：其实没有满。我再放入沙子，你们看满了吗？（一边说一边操作）

（预设：学生回答"没满"。）

师：我再放入足够的水，现在满了吗？（一边说一边操作）

（预设：学生回答"满了"。）

师：反过来，如果我们先把水倒满杯子，请问沙子还倒得进去吗？大石块还能放得进去吗？

（预设：学生回答"不能"。）

师：从这个实验，你悟出什么道理？

（预设：学生回答"要按照正确的顺序做事情"。）

师：那么，作为初中生的你们，现阶段你们的"大石头"是什么呢？

（预设：学生回答"学习"。）

师（出示打油诗）：人生犹如广口瓶，切记先装"大石头"，若是先装沙和水，迟早化作泪与悔！

（**设计意图**：什么时候可以谈恋爱？这是初中生心底的疑问。本环节将人生道理隐藏在实验之中，并娓娓道来，更加易于让同学们接受，学生很快明白：每个阶段都应该有每个阶段的目标，现阶段应该抓住人生中的"大石头"——学习，如果处理不当，则将埋下苦果，得不偿失。）

四、总结本课，指明方向

师：初中阶段，学习是我们的"大石块"，其他的都是"小石子""沙和水"，希望大家牢牢地把握住咱们的"大石块"。同学们，你们认为本节微班会的主题应该是什么？

（在学生七嘴八舌的议论中，教师择机通过 PPT 出示主题。）

师：那就是——花开宜有时。

专家点评

青春期孩子具有好奇心，会对美好的事物产生兴趣，对喜欢的人产生好感，这是再正常不过的事情。然而，青春期的孩子往往是感性的，缺少慎重的权衡，因此需要师长们引导。

在第 17 届全国中小学班会课专题研讨现场会上，我工作室团队的四位老师开展了青春期爱情话题的系列微班会。四节微班会分别是《不一样的男孩》《不一样的女孩》《花开宜有时》《爱情的模样》。我们采用歌曲、诗歌、故事、小演示等孩子们感兴趣的形式，带领学生探讨，引发学生思考，把微班会预期的教育目标变成了学生的共识。四节微班会形式新颖，既独立成篇，又相互呼应，得到了与会老师的充分肯定。

在本节微班会中，周老师通过 6 张图片的分类组合，巧妙地让学生将青春期爱情分为"幻想版"和"现实版"两类，学生就此判断"幻想版"爱情是不切实际的，由此水到渠成地热烈探讨"现实版"早恋的各种结局——无论是成绩下滑，还是遭人议论，无论是被老师知晓，还是被家长看出端倪，皆会划出不理想的轨迹……这样的活动设计非常符合学生的期待心理。既然中学生早恋存在种种弊端，那么，什么时候才能够恋爱呢？周老师用一个演示实验巧妙地解开了同学们心底的疑惑——现阶段，要把握住人生的"大石头"（学习），不要让"沙"和"水"（其他事情）喧宾夺主。最后，师生们共同得出"花开宜有时"的主题，落点干净利落、掷地有声。

◎点评：李晓辉

🔗 **链接23** --

五月最美康乃馨

重庆市涪陵外国语学校　何婷婷

【设计背景】

但丁说，世界上有一种最美丽的声音，那便是母亲的呼唤。母爱——人世间最伟大最美好最甜蜜的情感。每一个人都沐浴着母爱，在浓浓的母爱中快乐长大。

现在小学五年级的孩子，大多还是娇生惯养的独生子女，过着衣来伸手、饭来张口的生活。他们以自我为中心，感恩之心淡薄，不理解父母的爱心，不懂得体谅、孝敬父母，认为家长做的许多事都是理所应当的。有些孩子还因为一点点不如意，就对父母随意发脾气，甚至对父母动手。小学阶段为学校教育的基础阶段，老师们要为孩子一生的幸福生活打下精神的底子，因此进行以感恩为主题的教育很有必要。

在母亲节前夕，开展以感恩为主题的班会课，旨在引导学生了解母爱的伟大，并用真心和行动来回报母亲。

【教育目标】

1. 知识目标：知道妈妈为了照顾我们的生活、学习，付出了很多辛劳和心血，体会母爱的伟大和无私。

2. 情感目标：认识和感悟妈妈的不容易，培养感恩的心，增进与妈妈的情感。

3. 行为目标：学会用具体的行动爱自己的妈妈。当与妈妈意见不同时，学会心平气和地与妈妈沟通，尊重妈妈。

【课前准备】

1. 母爱卡的填写：妈妈最让我感动的一个故事。

2. 准备音乐《烛光里的妈妈》。

3. 制作课件。

4.《爱心树》的绘本课件制作。

5. 准备许愿签和幸运箱。

【课的过程】

一、谈话导入，知晓母爱

师：世界上有一种爱，最伟大，最无私，任你索取，却从不需要报答；有一种情，与生俱来，就像春雨，润物无声，绵长悠远，那就是母亲的爱。走进开满鲜花的五月，一年一度的母亲节又来到了我们的身边。你们知道母亲节吗？

（预设：有的孩子知道。）

师：（课件出示）母亲节（Mother's Day），是一个感谢母亲的节日。是每年 5 月的第二个星期日。节日设立的意义在于提醒人们不要忘记母亲的生育养育之恩，要怀着一颗感恩的心，学会尊重母亲、关爱母亲。"母亲"这两字，带给你什么样的感觉呢？

（预设：学生回答"温馨、甜蜜、啰唆、烦人"等等。）

师：感觉可能有点不同。但大多数同学的感觉是美好、温馨。美好、温馨的感觉，正汇成一首甜甜蜜蜜的歌在我们的耳边回荡。现在请听歌曲《烛光里的妈妈》。

（听歌曲《烛光里的妈妈》，同步播放《烛光里的妈妈》的第一段歌词。）

（**设计意图**：介绍母亲节的来历，在交流中表达自己的真实感受，通过播放歌曲感知母爱的伟大，丰富同学们的情感世界。）

二、分享故事，感受母爱

师：烛光虽不炙热，但它却温暖；母亲就是这样的一根蜡烛，燃烧着自己，照亮着孩子的一生，我们都在母亲的怀抱里健康快乐成长。丝丝萦绕慈母情，点点滴滴的美好往事充盈着我的心灵。此时此刻，老师很想与大家分享我的母亲带给我的丝丝温暖（课件出示，深情讲述）。

野 豆 子

小时候，因为贪玩，也因为家里穷没有零食吃，我和妹妹就跟着大孩子们一起去山坡摘野豆，学着他们的样子烧着吃。可因为吃了没烧熟的野豆，半夜我和妹妹两个人又吐又拉，妈妈又是冲盐开水给我们喝，又是帮我们揉肚子，可仍然无济于事。当时爸爸不在家，我们住的地方离村镇诊所很远，当天到诊所的必经之路上，有一家人在办丧事。平时胆子很小的妈妈看到我们两姊妹如此难受，担心不已，没办法只好打着电筒冒着冬天凛冽的寒风到诊所去请医生。后来才知道，因为冬天太冷，也因为路程较远，当时妈妈一直苦苦哀求，差点给医生跪下，医生才同意到家里给我们两姊妹治疗。

当我们在医生的治疗后疼痛减轻，哭声渐渐停止时，那一瞬间，我看见妈妈的脸上早已满是泪水。

第二天清晨，阳光把我的脸颊照得暖暖的，也把我的心照得暖暖的。我一睁眼就看见了妈妈坐在床边的椅子上，一晚上都没舍得合上眼的她，脸色变得苍白，额上似乎又多了几根白发，这白发不仅是岁月的烙印，更是妈妈全心全意照料我们的痕迹。

其实，我的妈妈只是万千妈妈的缩影，这样的事对于妈妈们而言，多么不值一提，可是就是因为有她们的细心呵护，才让我们沐浴在阳光下，成长在幸福里。请各位同学拿出母爱卡，让我们和同桌一起来细数母亲带给我们的温暖和甜蜜吧！同桌两人一起分享。

（预设：同桌分享课前所准备的记录自己与母亲最温馨甜蜜的一个故事的母爱卡。母爱卡的内容有生病时母亲的悉心照顾、考试失败时母亲的温情鼓励等。）

师：看着许多同学甜甜的笑容，我想请同学们来做交流。

（预设：请两到三名学生将自己的感受与全班同学分享。班主任及时捕捉交流的亮点。）

（**设计意图**：通过亲身故事的讲述，让学生了解母亲为自己成长所付出的艰辛，产生共鸣，激发出同学们对母亲的爱，让学生懂得自己的成长离不开父母的养育之恩，懂得珍惜亲情，为后面学生感受爱、表达爱做情感铺垫。）

三、观看绘本，品味母爱

师：母爱是春天的甘露，滋润着我们的心灵；母爱是雨伞，保护我们的身体；母爱，是世界上最伟大的爱。听了几位同学的讲述，母爱的伟大和无私深深地感动着你和我。有这么一个绘本，让万千孩子为之动容。我们一起来观看绘本《爱心树》。

（多媒体播放《爱心树》。《爱心树》讲述了一段耐人寻味的故事。大树给予了一个男孩成长中所需要的一切，把无私、博大的爱给予了小男孩，而自己却不图一丝一毫的回报。）

师：听了这个故事之后，你有什么想说的呢？

（预设：学生积极回答，答案多种多样。如母爱太伟大了，为了自己孩子的快乐，心甘情愿地付出，最后它只剩下了几个木桩；这个孩子只知道一味地索取，而不知付出；妈妈为了我们的快乐成长，无怨无悔；等等。）

师：《爱心树》故事里的这个孩子一味地索取，而不知回报。此时此刻，大家想与他说什么呢？

（预设：学生积极回答，答案多种多样。如你怎么可以这样，你也要想一想大树的感受；你怎么可以这么自私；等等。）

（**设计意图**：通过观看绘本《爱心树》，让学生感受到浓浓的爱，也懂得了爱与被爱的真谛。通过对故事里的这个孩子说出心里话，更进一步让学生认识到不应该一味索取,增强学生的感恩意识及责任感。)

四、现场调查,鼓励落实

师:这一棵无怨无悔只知付出的大树,不就是最爱孩子的妈妈吗?这个孩子的身上,不也有我们的影子吗?孩子们,爱妈妈,见行动,让我们现场来做一个调查,看看你有没有用行动来爱你的妈妈。

1.知道妈妈生日并为妈妈送上生日祝福的孩子请举手。

(老师做快速统计,并相机点评。)

2.妈妈生病时,能送药送水照顾妈妈的请举手!

(老师做快速统计,并相机点评。)

3.回家抓紧时间完成作业,不让妈妈操心的请举手!

(老师做快速统计,并相机点评。)

4.每天为妈妈做家务事的请举手!

(老师做快速统计,并相机点评。)

师:好,看来我们班不少同学会用实际行动来爱我们的妈妈,真好!

(**设计意图**:通过现场调查孩子们对母亲的了解和所做的事情,既了解了孩子对母亲关爱的程度,又增强了对学生内心的冲击,起到让学生反思自己平时言行的作用。)

五、情景思辨,理解母爱

师:平时我们和妈妈之间可能也会发生一些矛盾和冲突,假如你遇到下面这些情况,你会怎么做呢?我们一起讨论。现在看情景思辨题一(出示课件):

1.情景思辨题一:双休日,我的作业已完成了,想玩玩电脑,听听音乐,放松一下,但妈妈坚决不让我玩电脑。此刻,我的脑门开始冒火。

（预设：学生积极回答，答案多种多样。如总玩电脑不好，可以选择去运动；与妈妈约定，只玩一个小时电脑，一定要守信用；等等。）

师：的确，玩电脑是许多妈妈所反对的。因为她们的孩子年龄小，还不善于控制自己。玩电脑不仅影响视力，一旦没有节制还会上瘾，身体状况、学习成绩将下降很快。可与妈妈约定：双休日做完作业后玩一个小时左右，并严格执行。现在我们来看情景思辨题二（出示课件）：

2. 情景思辨题二：妈妈下班回来，看到小甜坐在沙发上看电视。不问青红皂白，朝小甜一顿发火。小甜早已经完成作业了，刚打开电视就被骂了一顿，她觉得很委屈，也发火了，与妈妈大吵了一架。

（预设：学生积极回答，答案多种多样。如小甜应问问妈妈是不是工作上遇到不开心的事了；平时多与妈妈沟通；应该向妈妈解释清楚；等等。）

师：不问青红皂白就朝小甜发火，妈妈的确做得不妥，但换一个角度想，妈妈是否因为工作不顺或遇到了不开心的事而没办法排解、心情不好，所以才发脾气呢？还可能是因为妈妈以为小甜一直都在看电视，所以生气了，小甜可以跟妈妈解释一下。这也更说明平时我们要和父母加强沟通。我们要理解父母，体谅父母。

（**设计意图**：通过情景思辨，让学生联系平时生活中自己遇到类似情况时的做法，反思平时的不当言行，学习理解父母、体贴父母、感恩父母的具体做法。）

六、许愿祝福，回报母爱

师：孩子们，让我们将自己的内心感受写到许愿签上，存进我们的幸运箱中。（出示幸运箱）请大家拿起手中的笔在许愿签上写下最想对父母说的一句话、最想为父母做的一件事。现在我们随机抽取 3 名学生与妈妈通电话，通话时间不超过一分钟，通电话的过程中必须说出"妈妈,我爱你"或"妈妈,节日快乐"这句话。

（预设：学生写许愿签,然后放进"幸运箱",抽取 3 名学生与妈妈通电话。）

师:一个月之后,我们再来打开这个幸运箱,看看你的心愿是否达成,你带给父母和自己多少快乐吧!

（**设计意图**：通过许愿签的设计,让学生对母亲的感恩之情不局限于言语表达上,更落实到行动中。随机抽取 3 名学生向母亲表达爱,进一步升华了情感,将班会课活动推向高潮。收取学生的许愿签存放到幸运箱中,是祝福每一位母亲都能拥有幸运、获得幸福,也能起到督促学生感受母爱、回报母爱的作用。）

七、热情寄语,总结全课

师:（出示康乃馨的图片）孩子们,这是什么花呢?

（预设：学生回答"玫瑰花""康乃馨"或"不知道"。）

师:这是康乃馨。你们知道康乃馨的花语是什么吗?（出示课件）康乃馨的花语是真情、母亲我爱你、不求代价的母爱、母亲之花。这些年来,由于母亲节的兴起,康乃馨成了母亲节最受欢迎的鲜花。

五月最美康乃馨,通过本节课,我们学会了如何向妈妈表达我们感恩的心,我提议在母亲节那天,我们怀着感恩的心向妈妈献上一支康乃馨,我还提倡我们要从身边的小事做起,用自己的行动,回报妈妈、爸爸和长辈,让中华民族知恩图报、孝敬长辈的美德世代相传。

让我们在《烛光里的妈妈》中结束本次的主题班会吧。

（听歌曲《烛光里的妈妈》,播放《烛光里的妈妈》的第二段歌词。结束本课。）

（**设计意图**：让同学们以真诚的情感、实际的行动去爱妈妈,爱家人,学会感恩,也让母亲们感受到孩子成长所带来的快乐和幸福。

（本文参考了许丹红老师的《五月最美康乃馨》,该文原载于丁如许老师主编的《小学主题教育 36 课》,特此致谢。）

这节课为我的学员何婷婷老师借鉴全国著名班主任许丹红老师的优秀班会课教案《五月最美康乃馨》重新设计的一节班会课。

她借鉴了许丹红老师的课题"五月最美康乃馨"。应该说这是一个很美的课题，也是一个很恰当的课题。某种意义上，它也是许多班主任喜欢用的课题。因为"五月"紧扣母亲节，"康乃馨"是母亲节最好的礼物，因为康乃馨的花语是"真情、母亲我爱你、不求回报的母爱、母亲之花"。像这样好的课题可以共用。

她借鉴了许丹红老师的上课流程"一、谈话导入；二、分享故事，品味母爱；三、绘本引路，感受母爱；四、落实行动，现场调查；五、情景思辨，讨论和妈妈意见不同时该如何做；六、孝心银行，行动回报；七、总结全课"，但认真做了修改，形成了"一、谈话导入，知晓母爱；二、分享故事，感受母爱；三、观看绘本，品味母爱；四、现场调查，鼓励落实；五、情景思辨，理解母爱；六、许愿祝福，回报母爱；七、热情寄语，总结全课"的流程。这样句式更加整齐，特别是将比较难理解的"孝心银行"改为"许愿祝福"，增加并设计邀请3名学生当场与妈妈通电话的环节，掀起了班会课的小高潮。

令我高兴的是，何婷婷老师学习许丹红老师的做法，也给孩子们讲了自己感念母恩的故事，将"喷香的红烧肉"改为"野豆子"。这种发自内心的真情述说，必然会打动学生。

最后何婷婷老师还特意注明文章参考了许丹红老师的《五月最美康乃馨》，说明该文选自我主编的《小学主题教育36课》，并向许丹红老师致谢。这种尊重知识产权的做法，值得我们学习。

我还想补充的是，作为出版了多部班会课书籍的主编，我会与每位作者认真讨论修改、完善教案，我特别希望我们的研究成果能为全国更多的中小学班主任所喜欢、所借鉴，并在我们的基础上演绎出更多的精彩，获得更多的成功。

◎点评：丁如许

链接24

班会课推荐书目

刘胜平

1.《魅力班会课》（小学卷） 丁如许

2.《魅力班会课》（初中卷） 丁如许

3.《魅力班会课》（高中卷） 丁如许

4.《魅力班会课》（中职校卷） 丁如许

5.《打造魅力班会课》 丁如许

6.《小学主题教育36课》 丁如许

7.《初中主题教育36课》 丁如许

8.《高中主题教育28课》 丁如许

9.《班会课100问》 丁如许

10.《魅力微班会》 丁如许

11.《创新微班会》 丁如许

12.《班会课，就是要解决问题》（小学卷） 丁如许

13.《班会课，就是要解决问题》（初中卷） 丁如许

14.《上好微班会的36招》（小学卷） 丁如许

15.《小活动 大德育：活动体验型主题班会的设计与实施》

李季 梁刚慧 贾高

16.《有效主题班会十讲：设计理念与实施策略》 迟希新

17.《魅力班会是怎样炼成的》 杨兵

18.《微班会创意设计与实施》 秦望　侯志强

19.《高中系列班会课》（高一、高二、高三卷） 秦望

20.《从班会课到成长课程：德育特级教师的班会课微革命》

林志超

21.《班会的力量：推动班级发展的关键班会课》 王立华　张洪洲

22.《好玩又好用的创意班会》（小学卷） 张玉石

23.《好玩又好用的创意班会》（初中卷） 张玉石

24.《班会课的心理学智慧：高中创意班会课30例》 张玉石

25.《初中主题班会设计技巧与优秀案例》 郑学志

26.《高中主题班会设计技巧与优秀案例》 郑学志

27.《中职主题班会设计技巧与优秀案例》 李迪

28.《小学系列班会课123》 卜恩年　秦望

29.《班会课的设计与实施》 齐学红　袁子意

30.《创新班会课》（初中卷） 罗京宁　吴杨

31.《创新班会课》（小学卷） 丁正梅　何明涛

32.《更好的班会课》 赵福江

33.《不一样的班会》 冯志兰

34.《班会课怎么上才有效》 李秀萍

35.《初中体验式班会课程》 刘令军

36.《班级生长的支点：主题班会活动设计方略》 魏登尖

37.《主题班会30例》 郑小侠　陈思思　戴蕾蕾

38.《心理班会课是这样设计的：24堂成长课的奇迹》（小学中段篇）

孙晶

39.《心理班会课是这样设计的：24堂成长课的奇迹》（小学高段篇）

孙晶

40.《心理班会课是这样设计的：24堂成长课的奇迹》（初中篇）

孙晶

（以上书目选自线上图书销售平台，截止日期为2024年3月，如有遗漏，敬请谅解。）

【思考题】

1. 你在上班会课时有哪些值得分享的创新做法？

2. 哪本班会课书籍给你留下了深刻的印象？请说明原因。你还希望有怎样的班会课书籍？

第九章

齐心协力
创优课

有不少老师说，上课和拍电影一样都是"遗憾的艺术"。确实，我们常想做得完美，但有时还是会留下不少遗憾。但遗憾是真实的，从某种意义上说，有"遗憾"才是"完美"的，当然还是要尽量减少遗憾，因此我主张课后要加强研究。

许多学校建有各级班主任工作室，我们要加强合作，齐心协力创优课。

一、拓宽研究的渠道

（一）形成研课的制度

现在许多学校组建了班主任工作室，且都有研究的课题。我在带教工作室时，喜欢将课题定为"以班会课研究为重点的班主任专业化发展行动研究"。这样做，一是突出研究的重点；二是我认为班会课研究不是孤立的，它与班主任专业化发展紧密相关，有着丰富的内容；三是强调"行动"，我们应注重实践，而不是纸上谈兵。

为了取得更好的研究效果，建立制度很重要。结合班会课研究，我认为要有开课制度、研课制度、交作业制度、编选优秀作业选制度、评比优秀学员制度等必要的规章制度。

开课制度：工作室学员要定期开课。一个月上两次校内公开课应是基本的要求。为了保证大家能准时参加听课评课活动，事先在课表上排定时间很重要。我在上海市奉贤区古华中学带教时，就明确周四的上午第三节课为开课时间，第四节课为研课时间，基本做到雷打不动。有了开课制度，上课老师会积极准备。后来我们在形成学校班会课校本课程后，又要求学校增开校本课程上相对薄弱的课，这样加强了训练的针对性。

而伴随着班主任上课能力的提高，我们又规定，如该周有外校老师来观摩听课活动，原定的开课活动可与外校观摩听课活动结合起来，这样既减轻了学校老师的工作负担，又增强了上课老师的荣誉感、责任感。

1. 研课制度

听课后必研课，研课是提高班会课质量的有效途径。为提高研课质量，我要求工作室每位成员都要发言，发言时要求"评一个长处，提一个建议""尽量不重复他人的观点""知无不言，言无不尽""提建议是对同伴最好的帮助"。当然，这样的做法适用于人数不多的工作室。我带教的上海市奉贤区古华中学班主任工作室、上海市嘉定区苏民学校小学班主任工作坊人数都在 10 人左右，最多时有 16 人，实践证明这种方法是可行的。

2. 交作业制度

在课题研究中，交作业很重要。以工作室研修最常见的两年研修期为例，我提出每学期要交"三个一"作业的建议，但每学期的内容、形式不一样。如研究的第一学期，"三个一"作业为：读一本班主任专业书，写一篇读后感；关注身边一个问题，写一篇工作案例；开一节班会研讨课，写一篇班会课文章。第二学期为紧扣班会课研究，"三个一"作业改为：写一篇大班会的教案，写一篇微班会的教育故事，提供一个班会课资料包。第三学期为紧扣班会课研究，提供一个本年级的班会课课程目录，提供一组本年级本学期的班会课资料包，提供一节班会课的精品课。第四学期还是紧扣班会课研究，完善一个本年级的班会课课程目录，提供一组本年级本学期的班会课资料包，完成一篇研究班会课的专题经验总结。如果是三年的研修，第五、第六学期则重在修改、完善作业内容。这样的作业设计，紧扣课题研究，任务适量，老师们能积极参与，收获多多。

3. 汇编"优秀作业选"

为提高作业质量，我们在研讨的基础上，要求学员认真修改作业。每学期结束时汇编"优秀作业选"。作业选突出"优秀"，不是每篇作业都入选，而是必须"优秀"。事先提醒学员不得抄袭作业，否则评优时予以"一票否决"。

4. 评比优秀学员制度

和许多工作室做法不同的是，我带教的工作室在评比优秀学员时是没有名额限制的。我主张实行优秀学员达标法。事先公布优秀学员标准，比如出勤率、上交作业情况、开课情况、发表文章数量等。学员只要达标，就能评为优秀学员。在校领导的支持下，我们的奖品也独具一格，是书籍，当然以班会课书籍为首选。

这些制度的建立，保证了研究的聚焦，为优质班会课的诞生奠定了扎实的基础。

（二）倾听学生的建议

学生是班会课的积极参与者。班主任不能闭门造车，一定要多听取学生的意见，拓宽研究的渠道。

1. 班级日记

班级日记是班会课的"第一记录"。通过班级日记，同学们可以记录班会课的过程，表达自己的感受，也可以提出班会课存在的问题。许多老师都很重视记录班级日记，许多学生亲切地称班级日记为"青春相册""成长记录簿"。

我在实践中也不断摸索，改进。我的做法是，第一篇日记由班主任书写，之后由学生按值日顺序轮流写。在指导学生写班级日记时，我提出了"三板块"法：第一板块是摘抄格言。第二板块是文章的主体，我要求做到"四结合四为主"，即记具体情况与记思想认识相结合，以具体情况为主；记当天与记以往相结合，以记当天为主；记重大事件与普通事件相结合，以记重大事件为主；记集体与记个人相结合，以记集体为主。第三板块则是对前一位同学日记抄写情况的简要评价。

班级日记写好后，我要求学生次日及时将其抄写到后黑板上（后黑板特意辟出一块作为"班级日记"专栏，如日记过长，抄写时要做适当压缩），并对前一位同学的抄写情况做出评价。评价记录是否及时、抄写是否工整。这样班级日记就成了学生习作发表的第一园地，成了学生自我教育的重要阵地，也成了班主任了解班情，包括了解班会课、班级活动的重要渠道。

2. 周记（随笔）

许多学校要求学生每周都要写周记。我到上海后，许多学校也有这样的要求，不过称之为"随笔"。我想这两种提法各有其理。周记强调的是时间，随笔强调的是选材。"随笔"在随意取材的情况下，学生往往会写自己亲历过的班级活动和自己感悟较深的班会课。

3. 班会课总结

在学期即将结束时，班主任特别忙，这时一定要忙中巧安排。我认为这时可由班长撰写本学期的班会课总结，当然班长要召开班委会进行讨论。

4. 座谈会

班主任在学期结束时也可以召开座谈会，征询学生对课程的意见。

5. 书面调查

有时比较简单的做法常常是有效的方法，书面调查就是征求全班同学建议的好办法。

二、明确好课的标准

我们在加强工作室研究，听取学生意见，努力打造优质班会课时，明确好课的标准是很重要的。

（一）好课的标准

好课的标准是什么？人们对此有很多看法。华东师范大学叶澜教授认为："一堂好课没有绝对的标准，但有一些可供参考的基本要求。"她提出了好课的"五实"标准：扎实、充实、丰实、平实和真实。我认为班会课和学科课其实有许多相同之处。我当年在《打造魅力班会课》一书中借用了华东师范大学叶澜教授的"五实"标准，并结合班会课特点做了调整。我认为许多先行者的论述非常精辟，我们可以站在他人思考的基础上"登高望远"。如今在撰写《"慧"上班会课》一书时，重温当年的文字，我仍然感到亲切，仍然认为其有思考的价值。当然，伴随着时代的发展和研究的深入，我对个别语句做了修正，将好课的标准概括为"五实""五有"。

1. 切实的课，有意义的课

好的班会课要切合学生的生活实际，直击学生的心灵，一节好课主题要鲜明、形式要多样，在班会课的实施过程中，学生通过思、听、说、做、写，增长知识，提高能力，获得情感体验，激发新的行动愿望，收获多多，对学生的成长很有意义。

2. 充实的课，有效率的课

好的班会课要面向全体同学，内容充实，能在规定的课时内做好文章。班会课应让全班学生一起参与，共同提高，绝不是少数"优秀学生"的秀场。有效率的课堂还应该是"低投入，高产出"的，老师、学生为该课做准备花费的时间和精力少，但课堂效果好。微班会便是我们特别喜欢的班会课形态。当然班主任为了上好班会课，是用一生的精力在备课，但具体到某节课，我们希望"低投入，高产出"。

3. 扎实的课，有生成的课

好的班会课应精心设计，扎实推进。在推进的过程中，由浅入深，由表及里，由现象到本质，课不是"强行灌输"，而是由师生真诚对话逐步深入、扎实推进的。其间还可能有新生成的问题，引发我们新的思考。新的问题、新的思考的生成，有助于课的深入。这样的课师生互动活跃，能给人以启发。

4. 平实的课，有价值的课

好的班会课应该是常态下的课，它是班主任去除"粉饰"后的家常课，是具有分享价值和推广意义的寻常课，而绝非"反复预演""无法复制"的"示范课"。它不刻意追求课堂的"热闹"，而是自然状态下的师生真诚对话，它不需要"过度准备"，你能上，我也能上。体现教育的规律，可操作性强。

5. 真实的课，有遗憾的课

好的班会课更是真实的课。它无须刻意排练，不要预设的"托儿"，会有这样那样的缺点。但"天然去雕饰"，它值得反思，可以重建。"理想的课堂"追求虚假的完美，而"真实的课堂"总会给人留下遗憾，具有"不完美性"。这种真实的遗憾来源于我们对优质班会课的追求和反思，正是这种真实的遗憾，催生了我们继续进行深入的研究；正是这种真实的遗憾，给我们的课堂留下了更美好的发展空间。真实的课堂没有最好，只有更好。只有正视这种遗憾，我们才能不断发展，谱写新的动人篇章。

（二）主题班会评价表

在工作中，具体到一节班会课，我们还应该有好的评价标准。这里介绍一份主题班会课的评价表。

表6 主题班会课评价表

上课教师			班级		
地点			时间	月　日第　节课	
班会课课题					
评价项目	参照标准		评分	备注	
教育目标 （15分）	1.选题紧扣时代发展，巧妙设置教育目标。（5分） 2.选题贴近学生生活，具有针对性和普遍性。（5分） 3.把握关键，重点突出。（5分）				
教育实施 （40分）	1.结构合理，推进扎实。（10分） 2.形式活泼，体现年级特点。（10分） 3.学生积极参与，团结合作，参与面广。（10分） 4.巧妙融入教具、信息技术等手段，运用得当。（10分）				
教育效果 （20分）	1.学生有较强的情绪体验和反应，表现了才干，提高了认识和能力。（10分） 2.师生互动，情感交流积极。（10分）				
教师现场指导 （10分）	1.发挥主导作用，指导及时、巧妙，组织能力、应变能力强。（5分） 2.教态自如，语言表达清晰、准确，有感染力。（5分）				
教案（5分）	教案要素齐全，编制规范，师生活动预设充分。				
特色（10分）	课的设计、实施有特色，有创新。				
等级：优秀（　　　）良好（　　　）一般（　　　） 　　　需努力（　　　）			总分		
综合评定					
		评委：　　　　　（签名）			

我认为这份评价表有两个特点：

1. 项目设置体现了我们对优质班会课的期待。评价项目分为教育目标、教育实施、教育效果、教师现场指导、教案和特色等 6 项，项目设置用心、合理。

2. 采取量化评定的方式。评定分一级指标、二级指标。由于细化到二级指标，分值的计算比较方便，在实践中易于操作，也比较好把握。

链接25

班级日记与班会课

上海市延河中学　顾毅贞

预备年级（上海市初中由预备、七、八、九年级组成）学生刚从小学进入中学，眼前的一切对他们来说都是新的，而最让他们感到新奇的就是"班级日记"了。它如同击鼓传花般在每一位同学手中悄然"走过"，留下了无数值得回忆的精彩片段。

别看预备年级学生的年龄小，他们在日记中记录的事情却不少："今天，科学课老师为大家做的小实验真是精彩呀！""领操员举的班牌今天变了模样，是谁悄悄地为班级做了好事也不留名？""小何今天病了，没来上学，我们好想他呀！"……

作为班主任，我每天翻阅孩子们写的班级日记，每次都被他们纯真的心灵感动。

然而，有一天我在班级日记中看到了这样一段话：

升旗仪式结束后，同学们陆陆续续走进教室。坐在我前面的小龚一边脱下校服，一边准备第一节课的书本。我觉得挺奇怪，又没上体育课，怎么就觉得热了呢？直到中午休息，小龚也没穿上她的校服。后来我猜测，大概是因为今天她穿在里面的红色毛衣颜色漂亮，所以想在大家面前秀一下吧！

难道事情真的如此，这些即将步入青春期的孩子们为了追求"美丽"与"独特"，而不愿穿着学校的统一制服？

我暗中观察，发现班级里确实有三名同学在进校后不久，就将平整如新的校服"晾"在一边了。这到底是孩子们的虚荣心作祟，还是攀比心理驱使，或者还有其他原因……我没有贸然断言。而是在全班做了一次民意调查。有同学说，学校设计的校服一点儿也不漂亮。试想，谁喜欢全世界的花都是一个模样？谁会喜欢被厚重的云层遮掩光芒的太阳？有同学说学校规定学生穿校服很正常，如果大家都穿自己的衣服来学校，那跟菜市场有什么分别？我们到学校里是来读书的，不是来秀时装，比谁的衣服漂亮、谁的牌子高档的。

通过了解大家的内心想法，我发现大家对校规并没有达成共识，因此有必要在班会课上及时做好教育工作。

在名为《魅力校服》的班会课上，我向同学们介绍了"校服"的起源：二战时期，日本规定所有学校都必须发放统一校服，增强学生间的平等感……

这次班会课后，班级中的"校服现象"明显得到了改观，大家从思想上真正认识到，校服不仅仅是一件普通的衣服，它更是同学心手相连的"桥梁"。

在学期结束时，班长在班级工作小结中这样说道："一个学期过去了，我们不仅长高了，思想也变得成熟了。"

这要归功于师生通力合作、认真开展的每一次班会课：有"植树节"爱绿护绿的宣传会；有"迎世博讲文明"的讨论会；有"春游实践活动"前的安全教育会；有促进同学团结的"心中有他人"主题班会；

有维护教室环境的"健康弯弯腰"主题班会；有展现我们学生礼仪风采的"魅力校服"主题班会……

由此可见，一本小小的"班级日记"不仅能给班主任提供及时的班级讯息，更能给班主任带来丰富的教育资源。而且，"班级日记"还是班主任上好班会课的一面镜子。

就拿学生最开心的春游、秋游活动来说吧，按照学校的惯例，每个班主任都会在出发之前给学生上一节班会课，为学生宣讲一系列"出游"的安全注意事项，例如：不要在出游时携带特别贵重的物品；不要靠近河岸和做一些有危险的游戏；不要擅自离队，一切要听从老师的指引……因为今年我带的是预备班学生，所以在出游前，我仔细考虑了班级学生的性格特征，并"周密"地列出了 N 条"出游规则"。

谁知在第二天的"班级日记"中，有学生写道：

小学时，每次春、秋游老师都会进行安全教育，没想到进了中学，老师还是把我们当作小孩来看待。怕我们乱吃东西拉肚子，怕我们追逐打闹不小心掉进河里，怕我们踩坏花草破坏大自然……要知道我们已经是中学生了，这些"小儿科"的事情，即使老师不说，我们也会注意。我倒觉得，有些事情是应当考虑的：有的同学会晕车，会呕吐，所以应该提醒他们多带一些垃圾袋；有的同学体质差，爬山可能会受不了，所以应该把他们安排在"身强力壮"的小组里……

看到这些话，我猛然感受到，自己多年来对班会课的思考还是存在着很多的不足。

而弥补这些不足的最好办法，就是要加强学生的自我教育。因此，到了第二学期的春游活动时，我就将这节班会课做了改进。我让学生自己讨论出游前的注意事项，以小组为单位，各组选派发言人，将这次春游可能会遇到的问题——罗列出来，大家共同商量对策，解决问题。

通过这次班会课，同学们很快建立起了"通信网络"，选出了卫生员、行规监督员；解决了晕车药问题和垃圾袋问题；甚至还细化到旅行车上每名同学的座位安排……

看来，"班级日记"对于我上好班会课，做好教育工作，真的起到了重要的作用。

🔗 链接26

让主题班会既有"意义"又有"意思"

李镇西

主题班会的重要意义是不言而喻的。什么是"主题班会"？我手中一本关于班主任工作的词典上是这样界定的："围绕一定主题而举行的班集体成员全体会议。"这样解释似乎不错，因为班会当然应该是全"班"之"会"。但是，如果把主题班会仅仅理解成"全体会议"绝对不全面——若是班主任把主题班会真的开成了"会议"，那么教育者所期待的效果肯定会大打折扣。其实，在我看来，主题班会应该是班级"活动"而不是"会议"。这种活动不但主题鲜明、内容丰富，而且形式活泼，全员参与。

主题班会的主题来自何方？至少就目前我看到的大多数主题班会而言，班会的主题大多来自国家大事。比如，香港要回归了，相关部门要求各学校对学生进行相关教育，于是"迎香港回归"的主题班会便红火了一阵子；中国要举办奥运会了，于是"迎奥运"又成了一段时间里各学校班会的主题……这决不应该是班会主题的唯一来源。

班会的主题更多应该来自学生，而不是教师，更不是上级文件。你的学生最关心的事情，就是你的班会主题。顺便说一下，针对过去主题班会普遍成为教师"一言堂"的状况，现在提出"以学生为主体"，这当然是对的；但是我理解的"以学生为主体"，不是表面上的只由学生主持和参与而班主任不在场，是否"以学生为主体"，关键要看主题班会的主题是否真正来自学生，或者班会课是否真正满足了学生的需要。正是在这个意义上，我强调班会的主题应该来自学生。

对班主任来说，组织主题班会至少要注意以下几点：

第一，通过多种形式了解学生的兴奋点，确定班会主题。

第二，班会的内容要尽可能紧扣学生实际，避免内容空洞。

第三，形式上尽可能活泼，尽量不要教师一个人说，而要让大家都参与。

第四，尽量争取将主题班会与学科教学相统一，但不是用单纯的课堂教学取代主题班会，而是将主题班会与学科教学自然结合，这样效果会更好。

还有一点，好的班会课，其教育意图要尽可能隐蔽。我曾经说过，所谓"好教育"，就是"既有意义，又有意思"的教育。"有意义"，是站在教育者的角度说的：我们的责任、使命、理想，我们的教育目的，我们所要传递给学生的"真、善、美"品质，还有要培养的公民意识与创造精神，以及要点燃的思想火花和要拓宽的海洋般开阔的胸襟与视野……"有意思"，是站在孩子们的角度说的：情趣，浪漫，好玩儿，妙趣横生，其乐融融，心花怒放，欢呼雀跃，心灵激荡，泪流满面……

我这当然是形象的说法，其实我要表达的观点并不新鲜，无非就是"寓教于乐"。我这里要强调的是，如果我们的教育只有"意义"，那教育便成了空洞乏味的说教；如果我们的教育只有"意思"，那教育便成了浅薄低俗的娱乐。而既有意义又有意思的教育，才是完整而完美的教育。

但今天提起这个话题，并非想"既要……又要……"地全面重视

"意义"和"意思"。不，在任何一个时代，我们所强调的，总是我们所忽视的。比如，今天的教育主要是"意义"过度而"意思"不足。从总体上说，我们的教育还是说教比较多，而符合儿童心理的趣味性不够。所以，我今天要呼吁：请给教育多一些"意思"，请给班会课多一些情趣！

但"意思"和"情趣"不是简单地作秀。比如，为了让孩子体验妈妈孕育生命的辛苦，便让小学生在肚子上绑一天或一周沙袋；为了让孩子体验亲情，便将全校学生集中在操场上，拥抱爸爸妈妈；为了让孩子感恩父母，同样是在操场上让孩子们一起喊："爸爸妈妈，我爱你！"然后齐刷刷地给爸爸妈妈下跪……尽管我也相信，类似的活动之后，孩子们的作文中，一定会有许多诸如"通过这次活动，我真切感受到了……"之类的语言，但是如此一次性的"感人肺腑"，一次性的"震撼人心"，一次性的"催人泪下"，一次性的"强烈反响……就真的能够收到持久的实效吗？教育哪有这么简单？班会的作用当然是不可低估的，但其效果也不宜夸大，尤其是那些作秀的班会课——因为那些作秀的活动所承载的"教育"太明显了，往往难以实现最初的目的。

我们追求的是自然而然的不露痕迹的教育。这其实就是苏霍姆林斯基所提倡的让教育的痕迹尽可能淡化。在自然而然的气氛中对学生施加教育影响，是这种影响产生高度效果的条件之一。换句话说，学生不必在具体情况下知道教师是在教育他，教育意图要隐蔽在友好和无拘无束的气氛中。

无数优秀教师的成功经验已经证明，教育的意图隐蔽得越好，教育效果就越佳。不动声色，不知不觉，了无痕迹，天衣无缝，润物无声，潜移默化……这些都是教育的境界，也是班会的艺术。

链接27

"四好"班会课筑牢德育主阵地

广东第二师范学院 朱旭

如何才算是一节好的班会课呢？这是我们一直思考和探索的领域，也是与时俱进、常谈常新的话题。我认为：好的班会课主要体现在四个方面：好的主题、好的设计、好的实施和好的效果，即"四好"班会课。

一、点石成金成就好的主题

班会课的主题主要包含理想信念教育、社会主义核心价值观教育、中华优秀传统文化教育、生态文明教育、心理健康教育等。班会课的主题生成主要遵循契合学生实际、符合班级情况、指向教育目标的原则。契合学生的实际主要是指班会课的教育目标要符合学生年龄和认知水平的实际、学生思想的实际、学生生活的实际和学生发展的实际。班主任从青少年品格发展的知、情、意、行四个方面进行班会课教育目标的设计，层次分明，点石成金。

同时，班会主题的选择也要遵循"小切口、大纵深"的原则，避免班会课出现假大空的现象，比如爱国主义教育、理想信念教育、社会主义核心价值观教育等主题，如果引入不当，则很难与学生生活进行真实有效的链接，经常出现流于形式的现象。这种现象产生的根本原因就在于主题的选择没有遵循"小切口、大纵深"的原则。"小切口"意味着在宏观主题中选择贴近学生实际的微观主题；"大纵深"意味着从微观主题中实现了以小见大、由浅入深的层次递进。比如党史学习的主题班会课，可以选择关键时间点几座代表性桥梁的"小切口"，来串联中国共产党发展史的"大纵深"，从而实现以桥见史，以小见大。

二、量体裁衣成就好的设计

班会课的设计主要包括目标、环节、方法、资源等多方面。量体裁衣的班会课设计能契合学生需要、学生兴趣和学生发展。主要包括：

1. 目标要适切

班会课评价主要遵循泰勒的目标本位的评价模式，班会课实施是否有效最后是要通过目标是否实现来验证的。所以目标是指航灯与锚定点。适切的班会目标是针对主题，契合学生、班级实际情况的认知目标、情感目标和行为目标。

2. 环节要充分

班会课要遵循通用的格式来设计，保证流程完备。一个流程完备的班会课设计通常包括：班会主题、背景、目标、准备、过程、反思、班会后延伸教育活动等环节。流程完备，才能保障班会课元素俱全，不会缺胳膊少腿。

3. 方法要多元

班会课要整合多元的教育方法，通过问卷调查、情境表演、知识竞赛、问题辩论、现场研学、信息技术等多样化的方式方法，丰富班会课的表现手法。

4. 资源要整合

班主任在班会课设计中的资源整合能力的强弱在一定程度上影响着班会课的质量。班主任要善于对学生资源、学科教师资源、学校资源、家长资源、社区资源、信息网络资源等加以利用，丰富与拓展班会课课程资源，使得班会课色彩缤纷。

三、"浑然天成"成就好的实施

一节好的班会课的实施环节是好的主题和好的设计走向现实的过程。教师在班会课的实施过程中，主要要处理好以下关系：

1. 处理好预设与生成的关系

班会课设计是教师对教学过程的预设，班会课设计依赖于班主任对该主题的理解、钻研和再创造。实施班会课设计，是把预设转化为实际的教学活动。在这个过程中，师生双方的互动往往会生成一些新的教育教学资源，这就需要教师能够及时把握教育契机，发挥教育智慧，因势利导，适时调整预案，使班会活动达到"浑然天成"的效果。

2. 处理好学生主体和教师主导的关系

班会课要尊重学生的主体地位，主要表现为活动要以学生为中心，无论是内容还是形式都要从学生的立场出发，而教师的主导作用就是教师在班会课过程中起指导与引领的作用，教师有两个任务：一是主导活动内容、活动的重点和难点；二是培养学生自主参与的能力和创新创造能力。

四、深入人心成就好的效果

从结果导向的原则出发，好的班会课是需要好的效果来支撑的。班会课的评价指标可以从目标达成度是否高、活动是否圆满完成、学生是否得到了真切的情感体验、学生是否改善了态度系统、学生是否完善了行为体系等方面来考量。目标达成度高的班会课，形成了预设与生成高效闭环；活动圆满完成的班会课，说明班会课的内容与形式得到了有效的统一；学生获得了真切情感体验的班会课，说明学生对班会课主题产生了道德情感的共鸣与认同；学生改善了态度系统的班会课，说明班会课达到了道德认知层面价值澄清的效果；学生完善了行为体系的班会课，说明班会课使学生达到了从道德认知、道德情感、道德意志到道德行为的实践转化。具有好的实施效果的班会课，能够让教育主题深入人心，最终落实到日常行动中。

综上所述，"四好"班会课以好的主题点石成金、好的设计量体裁衣、好的实施浑然天成、好的效果深入人心，筑牢德育的主阵地，培育时代新人。

【思考题】

1. 许多老师喜欢用"拨动心灵"或"震撼心灵"来表达对一节优质班会课的评价。请问您是喜欢"拨动心灵",还是"震撼心灵"?为什么?

2. 您心目中好班会课的标准是什么?我们应该怎样努力上一节好班会课?

第十章

拓宽平台
促发展

今天班主任专业化发展的要求给广大班主任指明了方向。在班主任专业化发展的背景下，班主任要积极拓宽平台，促进自身的发展。

一、最是书香能致远

班主任要提高上好班会课的能力，必须走专业化发展之路，必须加强学习，多读书。"腹有诗书气自华"，读书奠定基础。读书是教育工作之本、成才之源，也是教师的生存之道。

我常常感叹，班主任要胜任本职工作，其实有着"先天不足"。作为任课老师，师范院校毕业生早就进行了专业学习；而作为班主任，即使是师范院校毕业生也只进行了较短时间的班主任专业学习；在强调"办好师范教育"的今天，如何加强班主任专业的教学，仍然是师范教育亟待改进的"短板"。因为师范院校一时难以形成丰富的班主任教材教法，就拿班会课来说，很多老师在师范学校没有学过比较翔实的如何上好班会课的课程，甚至连优质班会课的录像都没有看过，可谓"先天不足"。走上工作岗位后，教师又被大量的课务、繁重的事务，以及琐碎的家务困扰，加之教育要求不断提高、教育对象不断变化，许多班主任无暇读书，实在是"后天失调"。

"最是书香能致远"，班主任要胜任本职工作，就要适应时代发展的需要，必须加强学习，不断增强自己的知识底蕴，增强自己的学识修养，增强自己的人格魅力。

要上好班会课，我们当然要读有关班会课的书。我在第八章做过介绍。但我们的视野还应该更开阔一点，我们还应该阅读班主任专业化发展的经典书籍。

值得班主任阅读的班主任专业发展的经典书籍很多，像苏霍姆林斯基的《帕夫雷什中学》、魏书生的《班主任工作漫谈》、李镇西的《幸福比优秀更要》、朱永新的《中国著名班主任德育思想录》等都值得好好阅读。

班主任专业的经典书籍，无论是国外的还是中国的，是专著还是合著，是"面"上（综合）的还是"点"上（某一技能）的，都可以看，"开卷有益"。

班主任阅读的视野要开阔，要有一定的深度。

班主任在阅读时，可以将精读与泛读相结合。既要多读班主任专业的书，精读细研，又不能局限于此，否则阅读面会比较狭窄。

在泛读时，我建议班主任多读一些人物传记。人物传记的主角各具个性，他们丰富的人生经历、坎坷的成长过程和经过岁月锤炼的经典名句，值得细细地品味。我还建议多读一点学生喜欢读的书，学生喜欢看什么书，班主任也看看，这样有助于了解学生的想法，关注孩子的世界，走进学生的天地，有利于和学生沟通交流，和他们进行心灵对话。这些都可以成为班会课的重要选材。

当然还要多读报刊。我做过这样的比喻，读书犹如品大餐，读报刊则是吃快餐。报刊传递的信息更快更便捷。班主任应关注德育类报刊。我曾提出班主任要阅读"班主任的四刊一报"。这"四刊一报"是指《班主任》《班主任之友》《新班主任》《中小学班主任》和《德育报》。《德育报》还辟有班会课专版、微班会专版，为我们研究班会课提供了便利。当然，许多新的德育类报刊也在不断涌现，如《福建教育》（德育）、《江苏教育》（班主任）、《教育时报》（班主任）等，都颇具影响力。读报刊时，也要开阔视野，《教师月刊》《教师博览》就是广受班主任好评的综合类刊物。

我还主张班主任要勤到学校图书馆借书。有位老师说得好："作为老师，在学校图书馆借书为零的记录是不光彩的。"扪心自问，我们是否因为工作太忙而鲜少光顾学校图书馆？本书序的作者、我的好朋友张万祥老师曾为班主任的专业发展提出 20 条建议，其中一条是："每周进一次学校的图书馆。"这一建议切实可行。班主任应安排好工作，将每周的某一时段定为"校内读书日"，不需要很长时间，20 分钟即可，定期去学校图书馆（阅览室），随手翻翻或有计划地读书看报。这样坚持几年，收获一定很多。

随着信息技术的迅速发展，网上阅读为许多老师所喜欢。方便快捷、内容海量的网络为班主任阅读提供了新的天地，我们要好好利用它。但是许多好书网上不一定有，更重要的是网上阅读有时不便于细细品味、认真推敲。静下心来，摩挲着散发着油墨清香的书页，笔尖在字里行间穿行，与作者对话，心情愉悦、舒畅。那种快乐是打心底发出的。

许多老师说："我们也想读书，但是没有时间。"我想，这是推托之词。读书是没有捷径的，唯一的办法就是"挤时间，逼自己"。不要用没有时间来推诿。我们的工作室学员告诉我，正是工作室严格要求学员读书，他们"被逼着"捧上了书本，每天晚上挤时间读书，写读书笔记。时间一长，也成了习惯。而一旦养成了习惯，事情就好办了。现在我由于事务繁多，经常外出讲课，在飞机上读书，在火车上翻阅学员们的读书心得，也成了我的习惯。

苏霍姆林斯基说，要天天看书，终生以书籍为友，这是一天也不能断流的潺潺小溪，它充实着思想江河。**广大班主任，阅读之旅是可以自己开启的，让我们用读书奠定上好班会课的基础吧！**

二、班主任的世界很精彩

作为班主任，应志存高远，做好自身的职业发展规划。由于各地区、各学校发展情况不一，有些地区、学校已建有不同层级的班主任工作室，如省级、市级、区级班主任工作室。在可能的情况下，我建议班主任要积极参加相关活动，这是很好的发展平台。但不少地区、不少学校还没有班主任工作室（尽管这是发展趋势，但毕竟有个过程），那班主任应该静下心认真研究班会课，努力上好班会课。

要上好班会课，前面我们已经交流分享了许多方法。这里我特别想说的是，要上好班会课，教室大门要常打开，要欢迎学校领导、兄弟班的老师、家长来听课。因为有人来听课，你会更用心地准备，你可以在课后听到他人的建议。

教师在上课时应该有一个认识，那就是"家常课应上成公开课"。意思是家常课要认真打磨，让它具有公开课的分享价值、示范价值。将来有机会上公开课时，应记住"公开课应上成家常课"，意思是课堂应该接地气，具有普适性，有推广价值、实用价值。

教师在琢磨如何上好课时，要把教案写规范，要把课件做漂亮，这是一个学习的过程，也是一个成长的过程。这时教师还应该将自己的课例写成文章，发表在自己的微信公众号里，也可以关注身边的征稿活动，尝试向德育类报刊投稿。只要多练习、多写作，机会总是会垂青有准备的人。

这里我特别想说的是，如果班会课上得好，班集体必然建设得好，学生必然成长得好，这时，班主任一定会收获许多成功的快乐。这时，我们还应该看到"外面的世界更精彩"。

（一）参加班主任工作室研修

现在许多地区越来越重视班主任工作室的建设，对班主任工作室如何规范运作、有效运作提出了建章立制、课题驱动、规范活动、考察评比等具体要求。

如果有机会加入学校的班主任工作室，甚至参加区级、市级、省级班主任工作室的研修，一定要珍惜学习的机会。

因为参加班主任工作室研修，必然会有本班上课、借班上课、外出学习的机会。这时一定要把握住机会。特别是外出研课时，要争取发言的机会，因为这是"逼"自己提高的有效方法。在学习的过程中，要不断思考：别人的班会课上得怎样？有哪些优点？可以如何改进？不要只做聆听者，而要做积极的参与者。

（二）加强多层次的研修交流

今天，认真阅读我这本书的肯定还有学校、区级、市级、省级班主任工作室的负责人，我知道大家都决心带好工作室。许多工作室的成功经验，就是拓宽平台、加强研修交流。片区、联盟校、区级、省市级交流和跨省市交流，形式多样。本章链接文章特意选择了大连综合中等专业学校开展学雷锋联盟校共研"学雷锋"系列班会课的经验。这是有特色的纵向突破。虽处于探索阶段，但拓展了新的平台，各工作室负责人可以借鉴此经验。

（三）参加班主任基本功大赛

今天班主任专业化发展得到了党和国家的高度重视，教育部和许多地方教育行政部门组织开展了形式多样的班主任专业培训和班主任专业技能比赛。在班主任专业技能比赛中，班会课成了必赛项。

这样的比赛经过历年的积淀，不断改进，不断完善，对班主任上好班会课有指导作用。虽然赛事中的展示课程也存在过分打磨、过分包装等问题，但是让班主任站在聚光灯下，通过集体的智慧完善班会课方案，通过反复训练，班主任可以提高自身上课技能，对于班主任的快速成长确实有重要作用。当然，我们更希望由个体到群体再到全体，让研究的成果、获得的经验能供更多的班主任借鉴、学习。

这里我还想强调一点，不要过于看重班主任基本功大赛的获奖名次。实绩比名次更重要，成长比荣誉更有价值。

（四）参加班会课专业培训活动

在党和国家加强班主任专业化发展的大政方针指引下，各地教育局、学校和社会教育培训机构也开展了丰富的班主任培训活动，班会课专业研修也成为重要的内容。

广州永博明教育研究院自 2012 年就开始举办"广东中小学优秀主题班会课观摩研讨会"。优选本省一线优秀班主任做主题班会课现场展示，邀请全国著名德育专家、名班主任点评并做专题讲座。一年一度的专题研修活动已成为广东省班主任专业培训的品牌项目。

教育梦名师观摩活动组委会创办的"教育梦班会课现场研修活动"也颇具特色。研修采取邀请全国著名德育专家、优秀班主任现场上班会课加讲座的形式，生动形象，直观易学，在全国许多城市巡回举办，得到了一线班主任的欢迎。

在这方面做得更好的，当数班会课研究共同体主办的全国中小学（中职校）班会课专题研讨现场会。从 2012 年 10 月开始，每学期举办一届，其间因疫情暂停，但伴随着春来疫情散，大会已重启。

屈指算来，全国中小学（中职校）班会课专题研讨现场会已持续了 11 年。11 年里，在与会代表的积极参与下，它书写了光荣与辉煌。"十年磨一会"，匠心打造的中小学（中职校）班会课专题研讨现场会如今已成了班会课研究的响亮品牌，被老师们誉为"班会课学期大会"。

在实践中，全国中小学（中职校）班会课专题研讨现场会形成了 9 大特色：

1. **邀请专家力求最棒**。先后邀请了黎志新、杨兵、许丹红、迟希新、秦望、王晓琳、褚清源、郑立平、刘长海、郭玉良、蒋自立、李迪、贾高见、黄平、杨春林、杨武、万玮、梅洪建、陈宇、于洁、李镇西、覃丽兰、郑学志、田冰冰、钟杰、肖川、张万祥、卜恩年、魏书生、田恒平、邢艳、刘海燕、李淑英、刘裕权、班华、林志超、顾润生、张胜利、田丽霞、黄佑生、吴小霞、桂贤娣、方海东、吕同舟、王莉、杨霖、吕红霞、郑英、朱旭、郑国强、崔学鸿、陈萍、周锋等50多位全国著名德育专家、全国优秀班主任、知名教育媒体人开讲座、上课。许多代表兴奋地说:"参加大会,我们成了幸运的追星人。"

2. 提供资料特别丰富。每届大会均向代表提供丰富的资料,多达四五十页的会议资料及精美的课件,得到代表们的连声称赞。

3. 展示课型相当全面。经过多年的积淀,小、初、高三节大班会展示,承办单位微班会亮相,来自全国各地的优秀班主任说课汇报、讲述微班会故事,让与会代表们开阔了眼界。其中对微班会的研究,引领着全国班会课研究的发展,4大特点、6大方法,36个招数成为许多班主任遵循的基本法则。

4. 交流形式更加完善。除了精彩的专家点评,大会更注重与会代表的参与感。每次大会现场专家与代表互动评课,代表还在网上评课,精彩点评,释疑解惑,高潮迭起。

5. 推荐优作特别给力。会议举办以来,会务组致力于为代表推荐优秀作品。许多作品入选了我主编的班会课类图书,被推荐给《德育报》、《新班主任》、《福建教育》(德育)等德育类报刊,累计已发表文章500多篇。

6. 团队合作扎实推进。2018年7月,班会课研究共同体成立。共同体专家深入内蒙古、四川、浙江、陕西、山西、江苏、湖南、山东、河北、云南、上海等地的学校、班主任工作室,加强指导。共同体组建以来,已举办共同体论坛6场。

7. 代表所在区域非常广泛。会议举办以来,参会代表来自黑龙江、吉林、辽宁、北京、内蒙古、天津、山东、河北、山西、河南、江苏、上海、浙江、安徽、江西、福建、广东、广西、贵州、云南、湖南、湖北、重庆、四川、陕西、甘肃、新疆、西藏、青海、宁夏、海南等地，覆盖范围广泛。

8. **创新改革步伐不停**。会议举办以来，一直致力于创新改革，从"优质课""全覆盖""多声道""资源库""校课程""简约化""新平台""微时代""微班会""中职校""工作室""共同体""年青人""红基因""忧乐观""家国情"到"时代潮"，每一届的关键词，既是改进之处，更是创新亮点。

9. **提供惊喜连连不断**。会议举办以来，不断改进，代表们惊喜地发现，我们不仅有了会歌，有了 logo，有了微信公众号，有了游学考察的安排，还有了璀璨的水晶奖杯，有了越来越多的作者签名书，亮点不断呈现，惊喜更是不断。有位老师感慨地说："这么接地气的会议，举办了这么多届，我竟是第一次参加，真是相见恨晚。"

三、潜心研究智慧行

时光飞逝，岁月如歌。转眼间，我已从意气风发的年轻教师，成为满头银发的老教师。然而我还记得教室里的欢声笑语，还记得那一节节精彩的班会课，还记得和学生一起成长的梦幻岁月。

这些年来，和不少老师交流时，他们常说，现在的学生不好教，现在工作中的难题真不少。这时，我总向他们介绍我最喜欢的教育家苏霍姆林斯基的话：如果你想让教师的劳动给教师带来乐趣，使天天上课不至于变成一种单调乏味的义务，那你就应当引导每一位教师走上从事研究这项事业的道路上来。那么我们该怎样进行研究呢？实践中，我认识到：研究要有"开石的精神"，还要有"九九（持久）的定力"。

我难忘我的小学生活。那时学习比较轻松，特别是有趣的班级活动给我留下了深刻的印象。比如五年级时全班同学一起烧芋艿汤，那去芋艿皮时的手痒痒、拿芋艿蘸糖时的香甜，令我至今都难以忘怀。这种掌握劳动本领的快乐、参与集体活动的甘甜，潜移默化地影响着我。

我难忘我的初中生活。那是一所师范学院附中。班主任充满朝气，新生见面的欢迎会、国庆节前的联欢晚会、形式多样的学科竞赛，使我难以忘怀。我们初中三年只上了一年的文化课，但这一年对我产生了重要影响。

我也难忘我当年在扬州师范学习的生活。我们是最后一届被推荐的工农兵学员，同学们都非常珍惜这难得的学习机会，总是每天早早去图书馆抢座位，听报告、听讲座也非常认真。我记得当时扬州市有位归侨教师林老师，他给我们做了一场报告，他对教育的热爱、对学生的热爱，他所带班上发生的许多趣事，都深深地感动了我。那时，我就立下了一个志向，要做一个有作为的人民教师，让班上的同学有着不一般的体验，有着不一般的情怀，也有着不一般的生活，不一般的追求。

由于实习时的出色表现，我这位中师生被破格分配到了泰州中学。在泰州中学，我遇到了许多好的老师。其中有全国著名特级教师、江苏省初中语文教材主编洪宗礼先生。洪宗礼先生与于漪、钱梦龙、宁鸿彬、洪镇涛、张富、欧阳代娜、蔡澄清等，并称为"中国当代语文教育改革家"。当时，我每天都听他的课，"开放的课堂"使我获益匪浅。在泰州中学的两年里，我迅速适应了课堂教学。1981年，我又参加了教师进修选拔考试，被推荐到扬州教育学院学习了两年。

对我来说，在扬州教育学院的两年学习时光是非常宝贵的。其间，我的专业思想得到了巩固，专业知识得到了加强。其中我印象最深的是在毕业典礼上徐星祥院长的谆谆教诲："你们在工作岗位上要进行研究。要经常写文章。每年要争取有一篇文章发表。"徐星祥是在基层成长起来的资深教育专家，他曾担任泰县中学（现江苏省姜堰中学）校长。当时，泰县中学因为管理规范而迅速崛起，"三泰"地区（泰州、泰兴、泰县）的教育在江苏很有影响。他的这番话给我留下了深刻的印象。我后来养成的勤于写作的习惯，和他的这番教诲有密切关系。确实，经常地写作，需要反思，需要学习，有助于教师的专业成长。

再次回到泰州中学，我接的是一个后进班。原班主任是个女教师，因为怀孕，精力不足，班级成了后进班，在工作中，我也开始思考怎样做好班主任工作：如何改变后进班面貌？怎样调动全班学生的积极性？当时社会上众多的"十佳"评选活动启发了我：评选"十佳"是一种很好的教育活动，它能催人奋进，促人向上。于是，我在班上开展了评选"班级小十佳"的活动。

在活动中，我感到评选先进不能着眼于少数"尖子"，而要着眼于全班，培养更多的"尖子"；评选先进也不能只着眼于学习，而要着眼于各个方面，鼓励学生全面发展。因此，应该从思想道德修养、班级工作、文化学习、体育锻炼等多方面树立典型。基于这样的认识，我认真推敲了"班级小十佳"的提法，即"班级工作最出色的同学""学习成绩最优秀的同学""赶超先进最突出的同学""遵守纪律最自觉的同学""改正错误最坚决的同学""勤学好问最主动的同学""尊敬老师最真诚的同学""体育锻炼最积极的同学""作业书写最认真的同学""日常相处最友爱的同学"。

这些称号提法新颖，结合了班级学生的实际情况，引起了同学们浓厚的兴趣。我又对"小十佳"称号的含义做了阐述。如就"班级工作最出色"这一提法，我告诉同学们，我们也可以提"最负责"或"最认真"，但我们确定为"最出色"，意在强调成果。一个干部不仅要有负责任的精神、认真的态度，而且应该有出色的工作成绩。提"最出色"就把工作态度与成绩的考核结合在一起，而且突出了考查实际成绩。又如"尊敬老师最真诚的同学"这一提法的确定，是要求同学们不仅要有尊敬老师的"言"，而且要有尊敬老师的"行"；不仅要信任老师，而且要能帮助老师改正教育、教学工作中的不足之处。

为了切实达到评选"班级小十佳"的目的，更好地教育学生，推动班级工作的开展，我们在每次评选时先由小组提名，然后由班委会根据各组评选的意见，结合平时的各项书面资料进行评定。原则上以同学们的意见为准，这样，提名的过程也就成了教育的过程。"班级小十佳"评选结果揭晓后，我们特意在班会课举办了隆重的"班级小十佳"表彰会，由各组同学介绍本组当选人的先进事迹，并在班级黑板报上刊载，增强"班级小十佳"的荣誉感，在全班掀起了争创"班级小十佳"的热潮。

实践验证了我的想法。多样的班级活动促进了班集体的建设。

在连续带了两届后进班后，学校将带教实验班的工作交给我。这时，我开始思考：在班主任工作中，有哪些工作应成为我们的常项？怎样让学生生活得更幸福，让学生的综合素质有更大的提高？当时我的想法就是要开展丰富多彩的班级活动，要认真上好班会课。

"没有活动，就没有教育。"班会课是班级活动的重要载体。许多活动在课上布置、实施、推进、总结。精心选择、设计、实施的班级活动寓教育于活动之中。精心组织的班级活动，使学生充分受益，终生难忘。让班会课成为班主任工作的主课堂，让学生在班级活动中得到更多的锻炼，幸福地成长，成为我的坚定信念和行动。

1986年，在泰州中学美丽的校园里，我和学生们像工程师勾画蓝图一样，设计系列活动的方案。我们讨论着，修改着，一张张纸页承载着我们的理想和希望。在一次次活动中，这个班集体迅速地形成、成长，取得了许多成就。在实践中，我形成了以下观点：

1. 班会课要有基本课和随机课

我认为，作为德育主课堂的班会课应该有基本课和随机课两种课型。基本课由班主任根据教育目标、教育要求精心设计和实施，主要是对学生进行规范的教育。每学期 10 节左右。随机课由班主任根据教育的中心工作、阶段工作、班级实际、学生实际精心设计和实施。主要是对学生进行选择的教育。每学期也是 10 节左右。基本课进行规范的教育，随机课进行选择的教育，两者相得益彰，形成主动教育、有效教育的格局。

为了取得更好的效果，我主张基本课以系列活动的形式推进。因为系列活动具有指向集中、印象深、影响大的特点，且系列活动贯穿教育的全过程，又是以班级为单位实施的，所以我称之为班级全程系列活动。

2. 中学班级全程系列活动研究

为此，我深入进行了对中学班级全程系列活动的研究。以系列活动的形式，每学期围绕一个主题开展系列活动，每学期的系列活动之间又具有层递性。这样，初中阶段 6 个系列活动，高中阶段 6 个系列活动，12 个系列活动带动 120 个活动，向学生展现了丰富多彩的生活画面。

中学班级全程系列活动大都在班会课内进行，少数在周日或假期进行。

精心设计的班级活动体现了教育的计划性。"凡事预则立"，预，就是事先考虑，就是计划。如果我们在活动前进行了全盘考虑，我们就可以依据计划来实施，形成由低到高、由浅到深的螺旋式上升的教育格局，避免了工作的盲目性和随意性。

精心设计的班级活动体现了教育的连续性。由于是从全程来安排，就可以避免出现"班主任调换，教育就断线"的局面。当然，这一点还需要学校的支持。

精心设计的班级活动体现了教育的主动性。因为是从全局来考虑，就可以实施按部就班、有的放矢的主动教育，避免了"头痛医头，脚痛医脚"的被动应付的局面。同时，班主任根据计划来实施，开展活动时才能得心应手，大大提高工作的有效性。

精心设计的班级活动体现了教育的丰富性。教师得以让学生在丰富多彩的活动中展现才华，快乐成长。关心学生的幸福指数，应成为教师的追求；而事实上，"你快乐，我快乐"，班主任在学生的成长中也能感受成功、品尝幸福。我的学生曾自豪地说："我们的班级活动是全校最出色的，也是全市乃至全省最出色的。"

中学班级全程系列活动的研究取得了显著的成效。从 1989 年起，《泰州市报》《扬州日报》《文汇报》《教师报》《新华日报》先后报道了我开展全程系列活动的实践。来自大江南北的兄弟学校的老师们走进我的教室，"到泰州中学听丁老师的班会课"成为当时泰州中学的一道亮丽风景。

也正是经泰州中学、泰州市教育局的推荐，《初中班（队、团）全程系列活动》这本书参加了江苏省第三届哲学社会科学优秀成果评比。在这项高学术性的评奖中，这本书荣获三等奖，成为该届全省普教系统中难得的 4 个三等奖之一。另外 3 个三等奖的作者，当时都是特级教师。这对当时初出茅庐的我来说，是莫大的鼓舞。

成绩的取得，也让我有机会走向了祖国的大江南北。在师范院校的学术殿堂里，在农村中小学简陋的校舍里，我和老师们倾心交流。我也在交流汇报中不断修正自己的做法，丰富班会课的实践研究。

2003 年，我来到了上海。在这思想最活跃的城市，在这国际化的大都市，教育更为人们所关注，学生的综合素质发展更为人们所关注。我的研究也得到了进一步的发展。

这时，我经常思考的是如何进一步提高德育的有效性，如何把我们成功的经验分享给大家。在这时的实践中，我认识到：

1. 要关注学生综合素质的发展

活动要"一石多鸟"，多方受益。在班级活动中，老师们要注意运用多种形式提高学生的认识、意志、情感等非智力因素，也要注意通过活动增强对学生智力因素的开发，促进其实际能力的提高。例如学科竞赛、通信、征文等活动以及开展活动时主持词的设计、活动后的纪实文章，都是对学生学科学习的具体帮助。又如调查、论辩、对话、演讲等活动，有利于学生思维能力和口头表达能力的提高。再如家务劳动比赛、自炊活动等，则有利于学生生活自理能力的提高。我认为，活动的教育意义，并不能片面地理解为单纯的思想道德教育。班级活动的教育意义是多方面的。成功的班级活动应该具有良好的综合教育效果。

2. 要推进班级活动课程化研究

班级活动大部分是在班会课时间进行的，因此要加强课的研究。比如要认真构思"课"的结构，向40分钟要质量。作为班会"课"，应有若干小高潮，逐步推进，并在高潮中结束。再如要编制教案，教案不必烦琐，应有"设计背景""教育目标""课前准备""课的过程""注意事项""建议"等项。做到心中有数，便于自己和学生实施。

3. 要关注全班同学的参与度

要多设计让全班每个同学都能参加的活动。像一分钟演讲比赛、与边防战士通信、猜测师长赠言等等，避免少数人在动在忙，大多数人成为"看客"，置身其外的被动局面。对有些不可能每位同学都直接参加的活动，也应给予尽可能多的机会。如辩论活动，同学在台上辩论时，可采用台下助辩的形式，增加其他同学参与的机会，调动大家的积极性。例如对活动式班会课的主持人的安排，我过去的做法是让班级干部担任，现在我主张主持人最好由全班同学轮流担任。让每个学生都担任主持人，都经受主持班会课的锻炼，这符合素质教育"面向全体学生"的指导思想。但由于学生水平参差不齐，班级活动难度不一，为此，我主张"相当"，即根据活动的难易，确定主持人的人选。这样，人人都有当主持人的机会，而其余的活动就让有能力的学生多主持，这也体现了"因材施教"的理念。

这时我应邀在全国各地的讲学活动也日益增加。在班主任专业化发展的背景下，班主任的专业素养为人们所关注。而同时班主任也承受着越来越大的升学压力。面对着电脑精确到小数点后两位的"闪电统计"，许多班主任在班会课常常只是完成学校布置的任务，成为"传声筒"，成为"机器人"；班会课也常被挪作他用，成为文化课补课的"宝贵时间"。我为教师们的艰难前行而痛心。

而这时我又受命领导普陀区丁如许德育特级教师工作室。来自普陀区 7 所中小学的德育骨干和我组成志愿军，我们以晋元高级中学附属学校为基地，以班主任专业发展研究为重点，以班主任实务为项目，致力于班主任工作创新研究。我们开展了 6 个专项研究，其中班会课是研究的主要内容。

班级活动如何设计与实施才能满足学生的需求？如何在班级活动的设计与组织实施中体现自主创新理念？就班会课设计理念、基本方法、主题确定，以及在设计和实施中常见问题的分析与解决方法，我们进行了一系列的讨论。

这时"主题教育课"应运而生。我认为主题教育课有两大特点：一是选题的灵活，它不像过去的伦理谈话课选材那样相对狭窄，它可以根据需要确定主题；二是实施的便捷，班主任作为课程组织者，在精心准备后积极发挥主导作用。与活动课相比，主题教育课所花的准备时间大大减少。与活动课相辅相成，成为班会课的重要形式。

在工作室的研究过程中，我们达成了这样的共识：

1. 班会课是最有魅力的德育，班会课是德育的最佳途径，班会课对学生的成长有着重要的作用，要切实加强班会课研究。上好班会课是班主任的基本功。

2. 在工作中，班主任要加强研究意识，做好资料积累，让积累的资

料成为研究的材料。我们认为班主任在上班会课时要有三项基本工作：编制教案，拍摄照片，指导学生写班会纪实。

3. 班主任要努力打造班会课的特色课、代表作。何为"特色课"？就是你的学生、你的同事、你的领导、你的家长如数家珍谈起的颇具特色的课（班会课）。何为"代表作"？即在德育类报刊上发表的文章。有老师说做不到。我说，做得到，关键是要努力，要行动。我要求工作室的学员每人每学期"精磨"一节班会课，并修改教案。老师们积极投入实践，怒江中学虞海云老师一马当先，率先上了《在灾难中成长》一课。我们听课后对教案提了很多修改建议，她在忙完家务后修改教案，废寝忘食地忙到凌晨两点多，"九易其稿"，并将改好的教案发到我的信箱，还主动到不同的班级试教。在工作室成员的集思广益下，她的《面对灾难》（后改名）这一课以汶川大地震为选题，展现了中国人民在抗震救灾斗争中涌现出的伟大的抗震救灾精神。课堂紧扣生活，内容丰富，形式多样，成为工作室第一节得到好评的特色课。随后，侯红梅的《珍爱生命，安全出行》、王笠春的《美丽微笑迎世博》、张佶的《诚实守信伴我行》等课例脱颖而出。

我们的研究得到了许多方面的重视、支持。上海《思想理论教育》《少先队活动》杂志先后刊载了工作室的班会课教案。在华东师范大学出版社北京分社的支持下，我们开始汇编"魅力班会课"丛书，为全国各地班主任提供精彩的案例，实现资源共享。

班会课书籍的撰写得到了全国各地德育专家、优秀班主任的大力支持，班会课书籍的出版更得到了学校、班主任的欢迎。

2013 年 3 月，我退休后选择到上海新纪元教育集团继续开展班主任工作研究，我以带教高级研修班的形式开展班会课的研究。2016 年 11 月至 2021 年 6 月我又带教上海市奉贤区古华中学班主任工作室，其间还担任了上海、江苏、浙江、内蒙古、山西、四川、广东、河南、重庆、山东等地的班主任工作室导师。这时，我认识到时代的发展催生了微课，催生了德育微课，也催生了微班会，"短、快、小、灵"的微班会更受班主任欢迎。微班会与大班会、中班会结合，主题班会与班级例会结合，更符合班级工作、学校工作的实际。于是我们重点加强了微班会的研究。

上海新纪元教育集团高级研修班的带教，取得了显著的成果。10 年的时间，学员累计发表班会课的研究文章 300 多篇，实现了报刊发表研究成果在每个参研学校班主任工作室的"全覆盖"。上海市奉贤区古华中学的 5 年研修更实在、更具体，形成了学校班会课校本课程，编制了 8 本按学期编排的班会课参考教材，积累了 130 多个班会课的资料包，发表了班会课研究文章 81 篇，发表班会课优秀课堂录像 12 节，对外公开课展示 14 次，在面向全国各地班主任的班会课研讨现场会做交流 7 次。

其间我也有了更多的机会走向全国。实践中，我们发现应该动员、联合更多的学校一起来研究班会课。我协助举办了全国中小学中职校班会课专题研讨现场会，我倡导组建了班会课研究共同体，组建了班会课研究作业群。我走进了更多的学校听课、研课，我还创办了微信公众号"丁如许工作室"，与更多的班主任进行交流。

40 多年来，我致力于班主任工作的实践与研究，特别钟情于班级活动研究，钟情于班会课研究。"让班级活动成为闪光的珍珠链""让精彩的班会课成为学生幸福生活的起点""让难忘的班会课成为学生美好时代的回忆""打造魅力班会课""打造魅力微班会"，我的思考和实践得到了许多学校老师、同学、家长的赞同。

令我难忘的是在上海华东师范大学本部校区开讲座时，一位偶尔路过的家长聚精会神地听了我的发言后，找来一本书，一定要我签名，对我说："老师就应该像你这样！"

我难忘我的两位学生从大洋彼岸来看我时说的一番话："您的班级

活动为我们打好了人生的基础。"

我难忘许多老师给我的留言:"您的课是我这么多年学习感受最深的。""今天真是开了眼界,长了见识,向优秀的丁老师学习。""希望我的工作室也能像您带的团队一样能够做出有益于学生发展和老师成长的丰硕成果。"

作为一位普通的人民教师,我希望我的研究心得能与大家分享,能为学校德育工作提供一些参考,能为中国班主任学的发展做出一点贡献。

让我们一起"慧"上班会课吧!

链接28

加强联盟校建设 开创研修新路径

辽宁省大连综合中等专业学校 王海欧

班会课作为班主任实施班级管理和素质教育的基本途径,是新时代班主任的必备基本功。我校齐心协力、守正创新,以学生发展需求为中心,遵循课程育人主渠道,依托雷锋式学校联盟(我校与大连市高新园区中心小学、普兰店第三十七中学、辽宁警察学院,纵向组成雷锋式学校联盟,以下简称"联盟校")建设,拓展大、中、小学思政一体化平台,打造出系列思政特色班会课。

一、齐心协力创实效

多年来,我校以创新班会课为抓手,立足校本实际,针对学情特点,寻求资源共享、路径融合、集体备课,形成了价值领航、主题突出、协同联动、有机衔接、特色鲜明的班会课程。老班们勤于思辨、精心钻研,集结出一大批鲜活的德育素材,汇编出班本讲义、校本教材,开发了一系列特色班会课。"国学文化实操训练""大美校园之二十四节气"和"读雷锋日记，做雷锋式好青年"等雷锋精神教育系列班会课程，都是如此沉淀积累而成。

同时，我校与联盟校共同打造一体化优秀课例，每学期至少集中研修2次，每学年至少推出一堂思政特色班会课在全市公开展示。我们不断总结经验，提炼方法，列入联盟建设章程和发展规划，形成保障机制，明确预期目标，在校历计划中注明具体任务和课程主题，齐心协力创实效。

二、拓宽平台促发展

遵照《中小学德育工作指南》，联盟校努力落实党的教育方针，着力构建方向正确、内容完善、学段衔接、载体丰富、常态开展的班会课工作机制，坚持"五育并举"，突出育人功能和价值塑造，努力达成"三全育人"新格局，多方谋划、综合融汇。

学校采取"1+N"组织形式优化班会课开发保障机制。"1"是指德育目标，"N"是指课程资源。在此基础上，通过思政课程"内循环"、课程思政"外循环"、德育活动"大循环"和班会课程"微循环"等方式，推动思想政治教育和班级建设工作在纵横交错中强劲"内核"，以立体、多层、系列、纵深、递进等方式，探究特色班会课的教育内容、课程目标、活动载体、育人功能，打通一体化的"堵点"。

三、典型课例助成长

近日，联盟校成功打造了大、中、小学同上一堂班会课"以雷锋为榜样，争做新时代中国特色社会主义事业建设者和接班人"，在省市地域范围内产生了强烈反响。

从课程建构过程来看，联盟校以章程化、例会制创新突破研修壁垒，多次组织骨干教师集体备课，聚焦主题，全面深入分析教育背景、合理定位教育目标，立足学情特点，有机融入雷锋精神教育，巧妙构思、综合运用校本资源，引导学生课前学习雷锋精神时代内涵，了解其平凡而伟大的人生轨迹，课中通过榜样故事、小组合作等方式，深入感悟雷锋在党的领导下逐步成长为伟大战士的光辉历程，充分理解"我的梦"与"中国梦"紧密相连，进而坚定"强国有我"的理想信念，再延展到课后实践提升，以切实行动学做雷锋，共筑中国梦。我们将由一节课的成功拓展为更多课的成功，形成由浅入深、持续发展的系列班会课，唱响雷锋之歌，争做新时代的建设者和接班人。

从课程实施成效来看，通过榜样故事价值引领、情境演绎沉浸体验、跨越学段衔接融合等方式展开课堂活动，全面调动骨干力量、深入挖掘校本资源，有力推动践行大、中、小学共上一堂思政特色班会课的预期目标，充分展现"雷锋式"学校联盟勇于创新、实干进取的精神风貌。

而今，作为班会课研究共同体优秀团队，我们深知立德树人责任在肩，躬耕教坛征途依旧，面向未来，我们将不断探索，推动班会课程实践与研究在更广阔的平台上创新发展，展现"慧"上班会课的魅力风采。

🔗 链接29

赛事磨砺 迭代成长

浙江省绍兴市鲁迅小学教育集团 蔡白薇

我参加班主任基本功大赛前，正值班级中出现了太多棘手的问题，每天我都在各种各样的小事中消耗自我，满是疲劳感却很少有成就感。这时，班主任基本功大赛缓缓拉开了序幕。

8个月的赛事历程，最痛苦的莫过于主题班会的设计与实施，所幸裂缝越大的地方往往透进阳光也越多。当比赛结束再次召开班会时，我欣喜地发现：我成长了！

成　长　1.0

区班主任基本功比赛，是我的成长 1.0 阶段。这个阶段的我，一直在追问班会课"上什么"。

虽然我已经做了多年的班主任，惭愧的是，班会课常常只是为了完成学校布置的任务：普及垃圾分类知识，强调保护视力的重要性，播放学校活动的视频……机械的操作让我从未真正思考过班会课到底应该上什么。

比赛时间紧迫，焦虑万分的我疯狂地搜索着各种班会教案。我发现传统文化的素材特别丰富，而我本身对此也非常感兴趣。于是，在赛前的一天，我定下了"国潮"主题，将自己搜集到的所有相关材料都拼在一起，从中国航天工程的神话名字，到网红李子柒的诗意生活，再到冬奥会开幕式的节气文化，可谓上天入地，古今兼容，打造了一堂"中国式"浪漫的主题班会。

正当我沾沾自喜时，比赛的结果却让我大失所望。评委的一句"假、大、空"更是给我当头一棒，让我重新审视主题班会。

成　长　2.0

市班主任基本功比赛，是我的成长 2.0 阶段。这个阶段的我，一直在追问班会课"怎么上"。

班会课没有教材，因此内容的灵活度很高，我决定从形式倒推，从"知、情、意、行"四个板块在课堂上切实开展以学生为主体的活动。因为太缺乏经验和积累，这个过程就如蛇蜕皮一样令我痛苦不堪。常常课后服务结束到家已经快 7 点了，饭也顾不上吃，我就开始修改文稿，三四个小时往往只能修改一个板块。

最终在专家团队的帮助下，我以杭州亚运会吉祥物的国潮元素为切入点，设计了"扮演吉祥物""兑换国潮币""设计国潮文创""宣传亚运国潮"等一系列活动。课堂很热闹，孩子们很忙碌，一个活动接着另一个活动，课堂氛围很好。我的参赛视频获得了市一等奖。我也如愿进入了省级选拔赛中。

可班会课真的仅仅是这样吗？

成　长　3.0

省班主任基本功比赛，是我的成长 3.0 阶段。这个阶段的我，一直在追问"班会课为什么而上"。

借着暑假的空当，我阅读了大量关于德育工作的书。关于班会课，我主要阅读了丁如许老师的系列书。尤其是《班会课，就是要解决问题》一书，书名就给了我很大的震撼，让我重新审视班会课设计的理念问题和思路问题。"关注'小、低、实'""紧扣学生实际""注重问题的解决""既要解决已经发生的问题，还要关注发展的需要（解决可能出现的问题）"，书中如是说。我们班孩子现在所处的这个成长阶段，需要解决的问题是什么呢？我陷入了沉思。

暑假里，高铁"熊孩子"的报道时不时就会冲上热搜，成为大家关注的焦点。究其原因，孩子习惯了在家里"占山为王"，忽视了身处公共空间时对他人的尊重。班级里因为公共空间文明礼仪的缺失，发生了多少矛盾啊！恰巧开学了，何不从暑期乘坐高铁的文明指数调查切入，创设"班级和谐号动车"的情境，和孩子共同制定"车厢文明公约"，更好地树立公共空间的文明意识呢？这样心中有他人的教育，既立足当下，也面向未来，把学生作为具体的社会生活主体来看待、培养，关注孩子真实的生存状态。

认识到这一点，我重新选择了班会课的内容与形式。两者都不再是目的，而是都要立足学情，都为背后的理念服务。宁可要真实的缺陷，也不要虚假的完美。

上完这堂班会课，课间我听到了孩子们之间对话："在教室里追逐也是熊魔怪，我们应该一起消灭它，让我们的班级和谐号更安全。"这也许就是对这堂班会课最好的评价吧。

成 长 4.0

比赛结束了，回归到日常教育教学中，我们班的班会不再是上级任务的"传声筒"。班会不仅仅关注学生的学习，更关注学生之所以成为人应具有的人情、人性、人气的教育。学生既要成才，更要成人。

我不再疲于做一名救火员，更多的时候，我是做一名安静的观察员，不急于动口或动手，而且会多站在孩子的立场上想一想，班会课要满足孩子的什么成长需求。班级里原本千头万绪的日常管理变得精简高效，集体变得朝气蓬勃，学生获得了个性化发展，生命在集体中得以茁壮成长。

蒙台梭利认为，儿童自身隐藏着一种生机勃勃的秘密，它能揭开遮住人心灵的面纱。儿童自身具有某种东西，一旦被发现，它就能帮助成人解决他们自己的个人和社会问题。我想，班会课的使命就是帮助孩子发现这种自身具有的东西，从而更好地发掘成长的潜力。

从知识德育到能力德育再到生命德育，在一路赛程中，我也嗅到了生命教育的气息和实践教育的芬芳，在不断的自我迭代中，重建教育的精神宇宙。感恩比赛，感恩所有一路相伴的导师，这样的成长，真好！

🔗 **链接30** --

班会小白在成长

浙江省上海新纪元武义双语学校   谢瑞蕾

我是谢瑞蕾，我的孩子们都爱称呼我为"阿谢"。6年前我离开了大都市的写字楼，带着满满的教育情怀回到了家乡武义，成为上海新纪元武义双语学校的一名小学教师，同时秉承着"爱，永不止息"的校训，开启了我的班主任生涯。

初出茅庐，我对如何上好班会课很茫然。工作的前两年是我对班会课的摸索期，我只能多看书多学习，并在模仿中不断前进。而我的快速成长期，是从 2019 年开始的。

一、成长第一步：加入一个团队

2019 年 7 月，在学校的支持下，我被推荐参加了集团丁如许工作室高研 3 期的学习，开启了为期两年的研究历程，开启了我的班会课研究成长之路。

高研 3 期的学习是充实的。每学期伊始，我们的导师丁如许老师就会要求我们做好一学期的工作安排，以便班会课顺利开展。每个月我们都要召开网络会议，进行集体研修。每学期末，我们还要上交一学期的工作总结，对自己的工作进行总结思考。在导师丁如许老师的带领下，我积极参加每月一次的网络集中研讨活动。丁老师很用心，每次研讨前都会把学员们的作业发到微信群，让我们提前了解各学员的研究成果，保证研讨活动的顺利开展。而每次研讨活动，都会有两个工作室进行工作汇报，我们通过互相交流、学习，促进研究的深入。

高研 3 期的学习是扎实的。我们注重解决学生成长过程中出现的问题。丁老师认为要解决学生存在的问题，班会课是重要的抓手。他要求各工作室都要聚焦班会课研究，聚焦微班会研究。研究成果的展现形式便是作业，尤其是微班会教育故事的作业。每次研讨活动，丁老师都会对我们的作业进行及时的点评，准备推荐发表的作业更是仔细地批改，用红色笔修改，用紫色笔写修改建议，一丝不苟。这样认真严谨的态度促进了我们研究能力的提升。

高研 3 期的学习是务实的。我们的研修方式也在发生变化，不断调整，调动每个工作室的积极性，发挥团队的作用。研修第二年的暑假开始，每月作业的点评由原先丁老师点评改为先由两位领衔人轮流点评再由丁老师补充点评，这样进一步激发了我们的学习主动性，使每位学员都能积极主动地参与其中，互相促进，共同成长。

二、成长第二步：进行班会实践

在高研 3 期学习的这两年是我作为班主任快速成长的两年，在导师丁如许老师的带领下，我对如何开展微班会有了进一步的思考和感悟。有了一定的研究基础，此后我又参加了高研 4 期的学习，并开始带动我工作室的成员开展班会课的研究。

近年来，我的工作室积极开展班会课的研究，特别是微班会的研究。我们明白了微班会的主题是丰富多样的，形式是不拘一格的，效果是事半功倍的。

1. 丰富多样的主题

微班会主题的确立要有针对性。因为微班会的时间是有限的，所以它的切入点一定要小，要有目的地让学生了解某一个事实或解决某一个问题。

在微班会主题的选择上，一要紧扣社会时事的发展，及时培养学生爱党爱国的思想情感。比如，2021 年 1 月 10 日是我国第一个人民警察节，为了让学生了解人民警察，感受人民警察的奉献精神，我就从人民警察这一职业入手，开展了名为"向人民警察致敬"的微班会。通过观看微视频，让学生了解到原来人民警察的警种有很多，职责广泛，责任重大，他们奋战在第一线，为国家的发展、为人民的幸福生活保驾护航，从而让学生感受到"人民警察为人民"的深切含义。二要紧扣班级学生的情况，引导学生树立正确的世界观、人生观和价值观。例如，我发现四年级的孩子受网络和社会环境的影响，爱说脏话，于是我设计了《出口不成"脏"》微班会。我让学生换位思考，说一说听脏话的感受，让学生明白说脏话是一种不文明的行为，从而引导学生讲文明懂礼貌。

2. 不拘一格的形式

微班会的组织形式是多样的。针对不同的主题，我们采取的形式可以是谈话式，可以是游戏式，也可以是演绎式的。谈话式微班会是在老师的主持下，学生围绕某个问题进行交流，剖析问题所在，并提出解决办法。游戏式微班会是指让学生进行简单的游戏，获得体验感悟。例如，在《垃圾分类我先行》微班会中，我设计了"垃圾分类"的小游戏。在轻松愉快的课堂氛围中，通过游戏，孩子们学会了正确的垃圾分类方法。而演绎式微班会则是以一种戏剧表演的形式，让孩子们通过角色扮演，明辨是非。

微班会的载体形式是丰富的。我们可以利用视频、图片、绘本故事等载体开展微班会。在我工作室的微班会实践中，我们特别喜欢利用微视频来开展微班会。我工作室的微视频素材以网络资源为主，主要利用的是从微信公众号、微博、哔哩哔哩、抖音等网络平台选取的优质的网络资源，如《看国 72 变》微班会中使用了由《人民日报》新媒体和快手联合出品的微视频《72 变》。有的是从网上选取合适的微视频，并根据微班会主题进行合理的剪辑，如《一起向未来》微班会中使用了由国际奥委会官方微博发布的 30 秒视频《中国时刻》，《我们都是摘星少年》微班会中使用并剪辑了两个由央视新闻微博发布的微视频《动画版太空出差日记》和《100 秒回顾神十三回家路》，《生如夏花》微班会中使用了哔哩哔哩网站上延时拍摄的微视频《生命的绽放》。

3. 事半功倍的效果

微班会虽"微"，但它的作用可真不小。因为微班会"短、平、快"地聚焦具体的问题，所以能够获得事半功倍的效果。例如，在微班会《将"光盘"进行到底》中，我仅用了一张粮食被浪费的图片和一个讲述一粒米是如何到达餐桌的微视频，就让学生感受到了"一粥一饭，当思来处不易"的含义，让学生感受到了"光盘"的重要意义，进而养成珍惜粮食、用餐"光盘"的好习惯。

三、成长第三步：坚持实践研究

近两年，在高研4期导师丁如许老师的带领下，我们积极参加每月一次的研讨活动。每次研讨后，带着从高研4期中学到的成功做法，我们积极开展学校班主任工作室的研修。

两年来，我的工作室主要采取线上交流和线下交流相结合的方式开展研修活动。

因为我的工作室的成员大多是五六年级的正、副班主任，平时事务比较多，所以我的工作室主要利用微信群开展研究活动。面对在班级管理或教学日常中出现的问题，我的工作室的老师会及时把自己遇到的问题发到群里，与各成员进行讨论与交流，通过群策群力，提出解决问题的方法。同时，我们根据课题的要求开展好视频分享活动。每位成员若在短视频平台或其他渠道看到有教育价值的微视频都会发送到群里与大家共享。

此外，我们每月有一次线下的活动，为每月高研4期集中研修后的周四下午。我们主要对高年级学生之间出现的普遍问题进行深入探讨，提出可行的方法。同时，我们会对本月剪辑制作的微视频进行展示，核心成员互相交流，以便根据自己班的班情合理利用微视频开展微班会。我们还会针对高年级学生出现的普遍问题或社会时事和热点话题，确定下个月的微视频制作主题。同时，鼓励工作室的每位成员积极撰写微班会教育故事。

我们每月还有一次班主任论坛活动，时间是每月最后一周的周五下午。每位成员在论坛上展示自己的带班成果，分享自己的班主任经验。各成员间通过互相学习，提升自身的带班水平。

四年多的时间，我在《新班主任》《德育报》《中国教师报》等报刊以及《班会课，就是要解决问题（小学卷）》《上好微班会的 36 招》等书中发表了班会课文章 20 多篇。而我工作室的王莉老师、廖晓敏老师、陈央娟老师也在《新班主任》《德育报》《上好微班会的 36 招》上发表了多篇文章。这对我的工作室来说，是莫大鼓励。

"一个人可以走得很快，但一群人才可以走得更远。""聚是一团火，散是满天星。"在这里，我衷心地感谢高研 3 期、高研 4 期团队，感谢丁老师的真诚付出，正是因为有了大家的支持、鼓励与肯定，我们这些年轻的班主任才能快速地成长。

还记得在第十五届全国中小学班会课专题研讨现场会优秀年轻班主任论坛上，我做了《班会小白成长记》的汇报，作为点评嘉宾丁老师对我的肯定：谢老师生动汇报了她的成长经历和感悟。这个当年的班会小白如今正积极带动同伴成长。

虽然我的工作室在高研 4 期的研修已经结束，但我们研究的脚步并不会停止。有了我的工作室对微班会研究的经验，这学期开始，我校全面开启微班会研究，每月都有两名班主任开展同主题不同设计的微班会公开课，以期带动全校班主任参与微班会的研究。我们相信会有更多的老师在班会课研究中获得成功。我们会全力以赴，将班会课研究进行到底！

【思考题】

1. 你喜欢读书吗？你的书架上有多少本有关班主任专业发展的书？里面有怎样上好班会课的书吗？

2. "拓宽平台促发展"，你有哪些发展平台？如果你对班会课研究感兴趣，欢迎加入班会课研究共同体，我们一起研究班会课，一起成长。

后　记

2023 年，社会步入正常运行的轨道后，我们又加强了班会课的研究。

机缘巧合，我认识了江西教育出版社的苏晓丽编辑。她热情地谈起她对教育图书的钟情和对班主任系列丛书的宏大构想。

我们可谓一拍即合，我也有这样的想法。不过我想得比较少，只是想对如何上好班会课再做点梳理。2009 年 9 月，在华东师范大学出版社的支持下，我开始主持编写了"魅力班会课系列丛书"，经过 10 多年的努力，完成了"方法论""案例卷""教案选""对策集""故事汇"5 册。"打造魅力班会课""打造魅力微班会"的主张也得到了全国各地很多学校的认同，成为很多班主任的实践和追求。

但我一直在思考：教育在发展，班会课也是在实践中不断发展的，我们能不能有一本书整合 40 多年来我和我的团队对班会课研究的丰硕成果，能不能让班主任通过一本书的学习，掌握班会课的基本要领，再通过实践做得更好？苏晓丽编辑非常赞同我的想法，于是，我决定再写一本书，名为《"慧"上班会课》。

《"慧"上班会课》，就是"会上班会课"，但需要智慧，需要学习，需要掌握精髓。

这本书是以当年的《打造魅力班会课》为基础的，但做了大量的修改。这是因为上好班会课有基本原理、有基本方法，我们的主张有传承，但上好班会课，又必须有发展、有变化，我们需要增加许多新的内容。我希望本书可呈现以下特点：

一、具有可操性。对于班主任来说，易学易用非常重要。我采取先总体阐述思路、介绍方法，10个重点专题，提纲挈领，简明扼要；再链接必要资料，用20篇不同类型的文章来印证、补充、丰富主体内容。每一章后还设计了思考题。思考题是对本章内容的消化，也希望分享读者的智慧。

二、力求示范性。课例是研究班会课时必不可少的。精选的课例，有教案，有教育故事。教案中有详案，有简案，有大班会，有微班会，涵盖小学、初中、高中，选题丰富，形式多样，制作用心，写作生动，希望各教育工作者能举一反三、活学活用。

三、增强新颖性。既介绍长期以来形成的有效做法，如何选题、如何构思、如何写作、如何实施、如何评价，力求老做法中有新意，又介绍近年来新出现的微班会、微班会教育故事、班主任工作室研修、省市班会课比赛、班会课研修活动，力求紧跟时代，引领新潮。

但由于事务较多，一时没有动笔。直到2023年10月底，想起离交稿日只有一个多月，于是赶紧动笔。我在微信公众号"丁如许工作室"和微信朋友圈发布有关信息，感谢全国各地的班主任朋友，感谢班会课研究共同体，感谢班会课作业群，大家都给了我许多支持，提建议，供稿件，特别是班会课作业群的老师们积极、主动地认领"特别作业"。

不过，11月是相当忙的。讲课、批改作业，用去我许多时间，我只能见缝插针，抓紧时间完成书稿的撰写。

在朋友们的大力支持下，书稿已经完成，但还有许多需要完善的地方。不过，正如上课会有遗憾，写书也会有遗憾。我还是抓紧时间呈上本书，请编辑指正，请朋友们指正，让我们一起为中国班主任的专业发展做出我们应有的贡献！

丁如许

2023年11月30日